中小企業のための
研究開発と補助金の活用

研井 堅 著

株式会社 養賢堂

はじめに

　過去数年間にわたって，著者は種々な補助金の交付を受けて研究開発を行なってきた．最初の間は，申請をいくら試みてもなかなか交付決定に至らず，まさに試行錯誤の連続であったが，そのうち1件，2件と決まるようになり，それらの実施を通じてポイントの幾つかを把握することができるようになった．最初を振り返ってみると，補助金とは何かについて全く無関心で知らない時期もあった．

　最近，経済産業局や県・市の補助事業担当者に尋ねてみたところ，中小企業者の中で補助金の申請を行なう企業は，どちらかといえば限られているということであった．一度申請を行ない，これが採択されて研究開発を実施したところは，その要領もわかり，補助金の活用といううまみも体験して，次回からの申請は割合スムーズに行なえるようになるのである．

　平成11年度の中小企業国会において，中小企業の定義の見直しが行なわれ，従来に比べてその範囲が拡大された．従来は，中小企業対象の各種の恩典に預かれなかった中堅企業も，今回の中小企業の見直しによって，その大半が中小企業の範囲に含まれることになった．さらに，中小企業に対する各種の支援も拡大された．これを機会に，今まで補助金による研究開発の恩恵に預かっていなかった中小企業も，大いに元気を出して挑戦してみるのはいかがであろうか．この意味から，本書において筆者の実体験を開陳し，多くの中小企業者が有しているであろう補助金コンプレックスの解消のために少しでも役立つことができるならば誠に幸いである．

　なお，筆者の主たる居住地は広島であるので，中国地方，広島県，広島市を中心にした補助事業を参考に記述するが，筆者が調べたところによると，他の地方や他の県のそれと比較しても，基本的なところはそれほど大きい相違がないのでほとんど準用は可能である．

　補助金の交付を受けて研究開発を実施しようとすれば，平生から行なっておくべき事柄が色々とある．特に重要なことの一つは，申請する開発テーマ

に関連して，従来から行なってきた研究開発の内容に関する記述が求められていることである．申請書を提出し，ヒアリング審査にパスして補助金の交付決定という段取りになるのであるが，補助金の交付を審査する側においても，申請された研究開発テーマに関して従来から一度もトライされていなく，補助事業がいきなり本番ということであれば，果たして無事に到達目標を達成できるのかどうかという不安要素はぬぐえないであろう．ましてや，補助金による研究開発事業は短期間の勝負である．基本的には，少なくとも年度内（翌年3月末まで）には完了させなければならないものである．このほか，資金の具体的な調達計画の立案・検討などを含めて事前に行なうことは沢山ある．これらについては各項目ごとに詳しく説明するつもりである．

　補助金は貰いきりであり，金利もつかず，しかも返済が不要である（ただし，補助金が実際に支払われるのは，時期的に次年度のはじめになるので，それまでの発生経費については補助事業者が立替え払いをしなければならない）．せっかく，平成11年の中小企業国会において，新時代の中小企業政策に基づいて，中小企業者への各種の支援制度が従来にも増してより充実したのであるから，言葉は悪いが，これを利用して研究開発を行なわない手はないと考えるのが普通であろう．しかしながら，大半の中小企業者にとっては，補助金の交付を受けるのは，一般に難しいものと考えられているのが普通である．口頭で喋るのはおっくうではないが，いざ文章作法にのっとって書く段になると，尻込みをしてしまうことが多いのではないであろうか．一見簡単そうな申請書のフォーマットに従って記述を進めていくと，案に相違してどんどんと枚数が増え，文章だけで10枚前後になるのが普通である．それに加えて説明のための図・表が加わる．しかも，文章には客観的で具体的な記述が求められる．

　さて，ここで本書の狙いについて説明しておきたい．最近，一般に産官学という言葉がよく用いられる．しかしながら，これについてよく考えてみると，産にも大企業や中小企業があり，官にも国の研究所や県・市の技術センターがあるように，産官といっても主業務の対象やそのレベルにおいても千差万別である．これと同様なことが補助事業についてもいえる．これらにつ

いても全国的なものか，あるいは地域密着的なものかなど種々のレベルがある．例えば，NEDO（新エネルギー・産業技術総合開発機構）や各経済産業局などによる年間1千万円〜数千万円の助成金で，研究期間が2〜3年に及ぶものや，中小企業総合事業団による課題対応新技術研究調査（企業への調査委託費500万円/件，期間1年以内）などのほか，県・市レベルの各種補助事業（補助金は300万円/件〜500万円/件，期間は基本的には1年間）などがある．著者の思いとしては，中小企業者がいきなり高度なレベルの補助事業に挑戦すること自体無理であると考えるので，本書においては，補助金を活用して研究開発を行なおうとする中小企業者が，県・市レベルの地域密着型で補助金額（あるいは助成金額）が500万円から1,000万円くらいの補助事業の交付を受けようとする場合を主たる対象にしたいと考える次第である．

したがって，本書の狙いを，今まで補助事業に1回も応募した経験がなく，あるいは，過去何度も申請して不採択になっている元気印の中小企業が，補助金額500万円〜1,000万円レベルの補助事業に挑戦する場合に重点をおいて記述したいと考えている．もちろん，その他の場合においても，参考になるように心掛けて記述するつもりであるのはいうまでもない．また，資料的にもハイレベル，ローレベルの申請書や規約・要綱などを参考にして記述するつもりである．

著者からの助言として，まずは取っ付きやすい補助事業を一つクリアーしてから，より高いレベルの補助事業に挑戦されることを勧めたい．その際に，補助事業を活用した研究開発とはいかなるものかについて，一通りその全貌を把握し理解したうえで挑戦されることが必要であろうと考える次第である．

本書は，著者が今までに実際に補助金を活用した研究開発を行なって，その過程で色々と経験した事実を参考にして，事前の準備から終了後5年間におけるプロセスや発生する諸問題および種々の留意事項，その他について記述したものであって，単なるノウハウものではないとは考えている．まずは，本書を一読されてから予備知識を得られた後に，果敢に挑戦され，首尾よく本願を成就されることを祈念するものである．

はじめに

　本書を読まれることにより，わが国の全企業の 99.7 % を越える中小企業者の中でも意欲のある元気印の中小企業者が，補助金を大いに活用されて研究開発の実を上げられることを期待するものである．

　なお，中央官庁1府22省庁を1府12省庁とする省庁の再編が平成13年1月6日から実施され，これに伴って，従来からの通商産業省（通産省）は経済産業省ということになった．したがって，本書においては経済産業省および地方の経済産業局を経済省あるいは経済局と表現することにする．

　最期に蛇足であるが，用語の統一という観点から本文中においては，技術開発や研究開発などの開発に関わる用語は研究開発に統一した．また，補助事業者の対象を主として中小企業者としているが，補助事業者が個人の場合や協同組合などの場合においても当てはまるものであるから，この点については誤解のないようにお願いしたい．

2001 年 6 月

研 井 　 堅

目　次

1. 中小企業基本法の全面改正と中小企業者の新定義 …………… 1

2. 補助金による研究開発の意義 ……………………………………… 5
    2.1 補助金 …………………………………………………………… 5
    2.2 補助金による研究開発とは …………………………………… 6

3. 申請書の作成から受理されるまで ……………………………… 10
    3.1 申請書の概要 …………………………………………………… 10
    3.2 申請書の詳細と作成上のポイント …………………………… 12
        3.2.1 申請者の概要 ……………………………………………… 12
        3.2.2 開発組織とメンバーの役割 ……………………………… 14
        3.2.3 研究開発の内容 …………………………………………… 17
            (1) 研究開発題目（研究題目）…………………………… 17
            (2) 研究の実施場所 ………………………………………… 20
            (3) 研究開発の目的とそれを必要とする理由 ………… 20
            (4) 研究開発の内容説明 ………………………………… 21
            (5) 工業所有権の導入 …………………………………… 25
        3.2.4 計量単位 …………………………………………………… 26
    3.3 研究開発工数 …………………………………………………… 27
    3.4 研究開発スケジュール ………………………………………… 30
    3.5 経費の一覧表の作成および資金の調達計画 ………………… 32
        3.5.1 経費の一覧表の作成 ……………………………………… 32
            (1) 原材料費 ……………………………………………… 33
            (2) 構築物費 ……………………………………………… 34
            (3) 機械装置費・工具器具費 …………………………… 34
            (4) 外注加工費 …………………………………………… 35

(6)　　　　　　　　目　次

　　(5) 技術指導受入費 ……………………………………………… 35
　　(6) 直接人件費……………………………………………………… 35
　　(7) その他の経費 …………………………………………………36
　3.5.2 経費の一覧表の作成上の留意点 …………………………………36
　3.5.3 資金の調達計画…………………………………………………40
　3.6 受理されるまで ………………………………………………………41

4. ヒアリングとその対策………………………………………………45
　4.1 日時について ……………………………………………………45
　4.2 場所について ……………………………………………………46
　4.3 ヒアリングの実際 ………………………………………………46
　4.4 ヒアリングの結果 ………………………………………………51

5. 申請書を作成するうえでの留意事項 ……………………………52
　5.1 申請のきっかけ …………………………………………………52
　5.2 平生からの心がけ ………………………………………………53
　5.3 不採択の場合でも得られるメリット …………………………54
　5.4 申請書を書くということ ………………………………………57

6. 補助事業の交付が決定した後の作業 ……………………………61
　6.1 交付決定の通知 …………………………………………………61
　6.2 購入計画の実施 …………………………………………………61
　6.3 研究開発の実施 …………………………………………………67
　6.4 人件費の把握 ……………………………………………………69
　6.5 中間報告と監査 …………………………………………………74
　6.6 成果報告書のまとめ ……………………………………………75
　6.7 経理報告書のまとめ ……………………………………………79
　　(1) 県レベルの補助事業の場合の例 ………………………… 79
　　(2) 経済省レベルの補助事業の場合の例 …………………… 83

6.8　実績報告書の提出から補助金の支払いまで……………………89
　　6.9　会計検査院による検査……………………………………………92
　　6.10　補助事業終了後の補助事業者の義務…………………………94

7. 補助事業をめぐる諸問題発生時の処置………………………………96

参考資料
　参考資料1　市の開発費助成申請書の例……………………………97
　参考資料2　県の開発費助成等事業申請書の例……………………103
　参考資料3　経済産業局の創造技術研究開発費補助事業計画書の例……126
　参考資料4　基盤的技術産業249業種……………………………149
　参考資料5　新計量法とSI化………………………………………152
　　　表1　SI単位に係わる計量単位………………………………153
　　　表2　SI単位のない量の非SI単位……………………………155
　　　表3　SI単位のある量の非SI単位……………………………155
　　　表4　用途を限定する非SI単位………………………………155
　　　表5　猶予期限を定めた非SI単位……………………………156
　　　表6　10の整数乗を表わす接頭語……………………………157
　　　表7　圧力の換算関係……………………………………………157
　　　表8　応力の換算関係……………………………………………157

参考文献および資料……………………………………………………158

索　引……………………………………………………………………159

1. 中小企業基本法の全面改正と中小企業者の新定義

平成11年12月3日に交付され,同日施行された産業活力再生特別措置法は,五つの章と附則からなっているが,これは,中小企業基本法の全面改正と関係法律の定義の拡大を目指したものである[1]．

第一章 総則の第二条(定義)の5に,新しい中小企業者とは何かが定義されている．なぜ何のためにこの法律が制定されたのか,その背景と必要性については表1.1に示すとおりである．従来の中小企業基本法と新しい中小企

表1.1 産業活力再生特別措置法制定の背景と必要性

背景	【日本の経済の問題点】 バブルの後遺症としての企業の資産や負債の肥大化 経営資源の活用が有効でない 総資産利益率(ROA)で米国が突出し大きく下回る 生産性上昇率もOECDの平均以下
必要性	【事業再構築の推進】 不採算資産の整理 得意分野・新分野への経営資源の重点投資
	【創業および中小企業者による新事業開拓】 未利用技術・人材などの潜在的経営資源の有効活用
	【技術開発の活性化】 大学などからのあらゆる技術資源を産業化のために活用

業基本法の相違は,表1.2のとおりである．業種とは,主たる事業として営む事業のことである．資本金とは,資本の額または出資の総額である．従業員とは,常時使用する従業員のことである．この表の読み方は,「製造業・その他の業種」を新法の場合について示せば,「資本の額または出資の総額が3億円以下の会社,および(またはの意味)常時使用する従業員の数が300人以下の会社,および個人が中小企業である」というようになる．

従来に較べて,製造業,その他の業種,卸売業についてみると,資本金が

表 1.2 中小企業基本法の新旧比較

	資本金（億円）		従業員数（人）	
	旧	新	旧	新
製造業・その他の業種[*1]	1 以下	3 以下	300 以下	300 以下
卸売業	0.3 以下	1 以下	100 以下	100 以下
小売業	0.1 以下	0.5 以下	50 以下	50 以下
サービス業[*2]	0.1 以下	0.5 以下	50 以下	100 以下

[*1] その他の業種には鉱業，建設業，電気・ガス・熱供給・水道業，運輸・通信業，金融・保険業，不動産業などを含む．
[*2] サービス業には，クリーニング業，物品賃貸業などを含む（これは日本標準産業分類の大分類 L-サービス業に分類される業種が該当する）．
【参考】中小企業金融公庫法などにおいては，政令により次のものを中小企業としている．
　　　ゴム製品製造業〜資本金 3 億円以下または従業員数 900 人以下，旅館業〜資本金 5,000万円以下または 200 人以下，ソフトウェア業・情報処理サービス業〜資本金 3 億円以下または従業員 300 人以下．

いずれも大きくなっている．さらに，小売業・サービス業は分割されて資本金の額も高くなっている．また，従業員数についてみるとサービス業は 50 人増えている．この見直しにより，全企業に占める中小企業の比率は 0.4 ％アップして 99.7 ％になったものといわれている．

ここで中小企業者の資格について注意しておくことがある．それは，補助事業の制度によっては中小企業者として認められない場合があるということである．

それは，
(1) 発行済株式の総数または出資価額の総数の 2 分の 1 以上が同一の大企業（特定ベンチャーキャピタルは除く）の所有に属している中小企業者，
(2) 発行済株式の総数または出資価額の総額の 3 分の 2 以上が大企業（特定ベンチャーキャピタルは除く）の所有に属している中小企業者，
(3) 役員の総数の 2 分の 1 以上を大企業の役員または職員が兼ねている中小企業者

の三つの場合である．

ここにいう大企業とは，新中小企業基本法で定義されている中小企業者以外の者のことである．また，特定ベンチャーキャピタルとは，ベンチャー財団と基本約定書を締結したベンチャーキャピタルのことを指す．したがって，補助制度を活用して研究開発を実施しようと考えている中小企業者で，上記のいずれかに該当する場合には，当該補助制度の問合せ先に事前に確認しておくことが必要である．

さて，ここで話を戻すが，従来法では非近代的な中小企業構造を克服するという「大企業との格差の是正」が政策目標であった．換言すれば，脱中小企業論的な考え方であったといえる．しかし今回の改正では，中小企業は元来，柔軟性・創造性・機動性を有しているものであり，中小企業こそがわが国経済の発展と活力の源泉であるというように認識され，これらの中小企業の自助努力を正面から積極的に支援しようということになったのである．支援策については，このほかに政策体制の中で経営基盤の強化（経営資源の充実），経済的・社会的環境の変化への適応の円滑化，金融・税制の小規模企業への配慮などがあるが，これらについては説明を省略する．ここで，表1.3に新旧中小企業基本法の基本理念と政策体系に関する相違の要点をまとめておく．

2000年8月に，通商産業省（現在の経済産業省）は2001年に向けた経済産業政策の主要な課題を発表した．この中で，中小企業関係の施策について

表1.3　新旧中小企業基本法の基本理念と政策体系

	旧中小企業基本法	新中小企業基本法
基本理念	大企業との格差の是正 （脱中小企業論）	【期待される役割】 □ 新たな産業の創出 □ 就業機会の増大 □ 市場競争の促進 □ 地域経済活性化
政策体系	【中小企業構造の高度化】 □ 設備の近代化 □ 技術の向上 □ 経営管理の合理化 □ 企業規模の適正化など	【自ら頑張る中小企業の支援】 □ 経営革新の推進 □ 創業の促進 □ 創造的事業活動の促進

は，「新たな成長メカニズム下での中小企業/地域経済」なる表題で，いずれも前年度を上回る予算の要求を行なっている．

その内容は，
（1）IT革命への対応（2000年度20億円⇒66億円へ拡充）
（2）経営支援体制の整備（2000年度95億円⇒112億円へ拡充）
（3）創業・経営革新の支援（2000年度134億円⇒155億円へ拡充）
（4）中心市街地と中小商業の活性化（2000年度225億円⇒235億円へ拡充）
（5）経営基盤の強化（2000年度501億円⇒503億円へ拡充）
となっている．

本書の主題である補助金による研究開発に関しては，（3）項目において中小企業の経営革新の支援として，中小企業経営革新支援法に基づき新商品，新技術開発，販路開拓，人材養成などの事業を支援するとなっている．

参考文献

1) 通商産業省編：わかりやすい産業活力再生特別措置法，㈱ぎょうせい (2000).

2. 補助金による研究開発の意義

2.1 補助金

　補助金について百科辞典を引いてみると，補助金とは，国または地方公共団体が，行政上の目的や効果を達成するために，公共団体，経済団体，企業，私人に対して一方的に支出する現金給付のことをいい，何ら反対給付を受けることはないと説明してある．わが国では，広い意味で，法令上または予算上補助金と呼ばれているもののほかに，補給金，助成金，奨励金，給付金，交付金，負担金，委託金と呼ばれるものがある．また，狭い意味では，国庫支出金を指して用いられる．

　本書の主要テーマである補助金を活用した研究開発に関係する補助制度にどのようなものがあるか，一例を 表2.1 に示す．補助金を活用して研究開発を行なうにしても，補助金交付の目的と趣旨をよく把握したうえで，中小企業者が行なおうとする研究開発にマッチしたものを選択しなければならない．

　また，2.2節においても触れるが，補助制度にも全国区的なものから地方区的なものがある．前者は，日本全国から提出された補助金交付申請書の中から交付先を決定するものであるから，技術の内容にしてもよほど優れたものであることが必要である．一方，後者について例を挙げると，各地方経済局のテリトリー（例えば，中国経済局の場合は中国地方5県）が交付先を選定する範囲になるし，県の場合は県内のみ，あるいは市の場合にはその市内の企業から提出された交付申請書が選定時の対象となる．自ずから，申請の技術内容にしても全国区レベルではない地方的なレベル領域があるものと考えられる．要は，自社が有している力というか，自社のレベルに適した補助事業を選定することも大事なことといわなければならない．

表 2.1 補助金制度による補助率の相違

No.	補助制度名称	実施機関	補助率，1件当たり補助額など
1	課題対応新技術革新促進事業：研究調査	中小企業総合事業団	調査委託500万円以内，単年度（契約開始から12月頃まで）
2	課題対応新技術革新促進事業：研究開発	中小企業総合事業団	研究委託2,500万円以内/件，年度1～2年
3	集積技術高度化補助金	各県	2/3以内，400万円
4	地域活性化創造技術研究開発費補助金	各県	2/3以内，100万円～3,000万円，ものづくり試作枠：100万円～1,000万円
5	創造技術研究開発費補助金	各経済産業局	1/2以内，500万円～3,000万円
6	融合化開発促進事業費補助金	各県	2/3以内，900万円
7	新規産業創造技術開発費補助金	各経済産業局	2/3以内，3,000万円～1億円/年，2～4年
8	基礎技術研究支援補助事業費補助金など	各市	種々あり

2.2 補助金による研究開発とは

　研究開発を行おうとすれば研究開発費が必要である．その費用をどこから捻出するかについては，一般の中小企業にとっては頭の痛いところであろう．

　先に，中小企業基本法の全面改正の章でも触れたが，新時代の中小企業政策は，中小企業金融対策，小規模企業向け対策の抜本的拡充，創業者・ベンチャー企業対策，経営支援体制の整備，中小企業関係税制の拡充強化，および中小企業対策予算などからなっている．これらのうち，技術開発とものづくり支援は中小企業対策予算の中に織り込まれている．それは，技術革新と産官学連携の促進やものづくり技術基盤の強化などである．

　さらに，経営支援体制の整備においては，中小企業の各種の悩みを気軽に相談できる支援拠点が各地に設置された．これは，中小企業からの各種のニーズへの対応はもとより，技術開発への支援策も提供されるものである．いわゆるワンストップ型の支援体制が整備されつつある．したがって，中小

2.2 補助金による研究開発とは

企業はこれらの諸施策を大いに活用するべきである．

　自社の研究開発が，補助金で行なえるということは，中小企業にとって誠にありがたいことであるといえる．当然ながら，公の資金を使用するのであるから，決していいかげんな気持ちで取り組むということがあってはならない．

　以上述べたような各種の支援策のうち，特に，補助金を活用して研究開発を行なおうという元気のある中小企業者は，色々な補助金の交付を受ける際，まず補助金交付申請書を提出しなければならない．一般の中小企業者にとってはこれが最初の関門となる．しかし，補助金を活用して研究開発を行なおうとする中小企業は，どうしてもこの関門をクリアーしなければならないし，避けては通れない道でもある．

　さて，補助金額の補助率について一般的にいえば，ほとんどの場合，研究開発に要する経費の1/3～2/3以内である．中には，中小企業総合事業団の課題対応技術革新促進事業（研究調査または研究開発の委託事業）のように100％というものもあるが，通常の場合，少なくとも開発経費の1/3～2/3を補助金の交付を受けた中小企業者が自己負担をしなければならない．あり余る資金がある場合は別であるが，何か研究開発を行なおうとすれば，当然のこととしてそのための資金計画が必要になってくる．前述したとおり補助金は貰いきりであり，返済の必要もなく，利子もつかない．ただし，補助金の交付決定ということになっても，実際に補助金が支払われるのは次年度のはじめ（4月～5月，まれに6月）である．したがって，研究開発期間内に発生する経費については，補助事業者が立替え払いをしなければならない（ただし，補助金の種類によっては，事業年度の途中で，それまでにかかった経費について，概算払いをしてもらえるものがある．これについては，交付元によく尋ねておくことが必要である）．

　補助金は，またその性質上，あらかじめ決められている費目に関してのみ支出されなければならず，軽微な場合を除いて，他の用途に勝手に流用するなどの行為は許されていないので要注意である（これについては後述する）．

　補助金は貰いきりという性質上，交付を受けた場合には当然遵守しなけ

ればならない義務が発生する．それは，補助金を定められた要綱に反するような用途に使用したり，架空の費目を計上して補助金を取得したりなどの行為を行なってはならなということである．いわゆる，昨今新聞紙上で物議をかもしている補助金の不正使用や不正流用に類するものである．

その年度の各種の補助事業に係わる募集説明会は，ほとんど例外なく事前に公開されて実施される．そこでは，交付申請書の締切日，概略の交付決定日（したがって，研究開発で発生する費用の支払日は，交付決定日以降の日付でなければならない），概略スケジュール，開発状況の定期的な報告（中間報告書，終了後の状況報告書），開発終了後の報告書の提出（技術的な研究開発報告書，会計処理帳簿類，証拠書類ほか）などについての説明が行なわれる．さらに，発注に係わる書類の流れや補助対象経費（謝金，旅費，研究開発事業，庁費，委託費など）についても説明が行なわれる．

さて，補助金による研究開発事業を終了した企業に対しては，一般的に次のような項目に関する届出および報告などが義務づけられる．

(1) 事業化状況の報告

補助事業が終了した後の5年間は，毎年，翌年度の春（4月頃）までに，補助事業の企業化の状況についての報告書を提出する．

(2) 帳簿などの整備

研究開発補助事業に関する会計処理帳簿類および証拠書類は，補助事業終了後5年間，いつでも引き出せるように整理して保存しておくことが必要である．

(3) 取得した財産の処分と管理

補助事業により取得した財産（機械装置や工具・器具など）や効用が増加した財産は，勝手に補助事業の目的以外への使用や処分など（譲渡，交換，貸付，担保）をすることができない．しかし，その必要がある場合には事前に補助金の交付元の長に財産処分の申請を行なって承認を得る必要がある．これは，補助事業実施期間内においても同様である．

(4) 工業所有権の届出

補助事業の期間中や終了後であっても，工業所有権（特許，実用新案，意匠

登録)を取得した場合には届出が必要である．

(5) 収益納付

　補助事業終了後の事業化活動の進展により収益を得たと認められた場合には，補助金の金額の全部または一部に相当する金額を補助金交付先に返還することという条文もある．

　以上の説明を読むと，規則，規則でがんじがらめのような感じを受けるが，きちんと決められたとおりのことを行なえばよいのであり，何ら躊躇する必要はないことを申し添えておく．

3. 申請書の作成から受理されるまで

3.1 申請書の概要

　申請書とはいかなるものであるかについて，一般的な県・市の開発費助成申請書（参考資料1, 2）と経済局の創造技術研究開発補助金（参考資料3）を例にとって説明する．

　最初の頁は，いわゆる申請書の鑑（かがみ）に相当する部分である．参考資料2の県の場合には，補助事業に要する経費および補助金交付希望額を記入し，要求されている添付資料リストなどを書くようになっている．ここにいう添付資料とは，申請会社の概要および経歴，定款（個人が提出する場合には住民票），収支決算書などをいう（これについては参考資料1の場合も同様である）．なお，中小企業創造活動促進法の認定を予定している場合には，別途に研究開発等事業計画認定申請書を提出しなければならない．県の場合の申請先は，当然県知事宛になる．申請企業の本社所在地，名称および代表者名に代表者印を押印するが，連絡担当者の職名と氏名のほかに連絡電話番号とFAX番号を記入する．次頁からは，逐次順序に従って記載していくのである．今後，便宜上これを別紙タイプと呼ぶことにする．

　一方，参考資料1および3に示した市と経済省の例の場合，参考資料3の表紙では補助事業に係わる内容説明書の提出をすると書いてあるのみである．この場合，表紙は簡単であるが，参考資料1の市の場合と同様に，別紙1および別紙2を添付するようになっている．これを別紙1, 2タイプと呼ぶことにする．この2種類の構成を示すと図3.1に示すとおりである．また，表3.1に別紙タイプおよび別紙1, 2タイプの記述内容をそれぞれ具体的に示す．

　別紙1, 2タイプの別紙1は，別紙2の要点をA4用紙1枚にまとめたも

3.1 申請書の概要

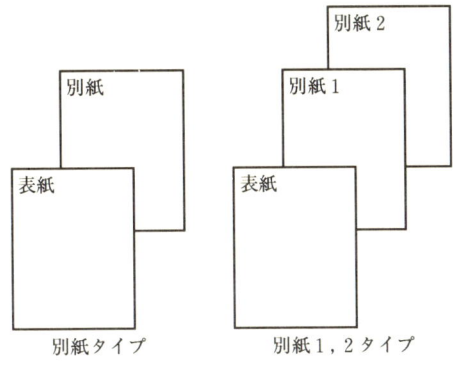

図 3.1　別紙 1 タイプと別紙 1, 2 タイプ

表 3.1　別紙タイプおよび別紙 1, 2 タイプの記述内容の比較

別紙 1 タイプ	別紙 1, 2 タイプ
別紙	別紙 1
1. 申請者の概要 　会社の名称, 所在地, 業種, 売上構成, 会社の沿革, 現有施設, 過去に受けた補助金・助成金	補助事業計画書 (A4 版 1 枚) 研究開発題目, 補助事業の種類, 実施場所, 目的, 内容および規模, 成果の企業化または適用の効果, 日程, 研究開発費
2. 開発組織 　主任研究者, 経理担当者の職名, 氏名および研究担当者の氏名職名, 他からの指導者または協力者	別紙 2
	1. 申請者の概要 　事業の内容, 現有施設, 申請者の略歴
3. 開発の説明 　現在までに行なわれている研究 (導入技術を含む), 今後行なおうとする研究開発の規模および方法 (研究題目, 実施場所, 目的, 研究項目, 研究内容および方法, 規模, 規模の理由, 技術指導の内容, 工業所有権の導入, 研究日程表), 開発成果の企業化または適用の効果, 内外技術との相違および内外特許との関係	2. 研究開発の概要 　主任研究者の氏名と略歴および従事する人員数, 他からの指導者または協力者, 研究開発の必要な理由, 研究開発の内容および規模〔現在までに行なわれている基礎となる研究, 今後行なおうとする研究開発の規模および方法 (研究項目, 内容および方法, 規模, 規模の理由, 実施場所, 成果の目標, 研究日程表, 技術指導の内容, 工業所有権の導入), 研究開発の委託の必要性〕, 資金計画 (資金調達内訳, 資金支出内訳, 経理担当者)
4. 研究開発の資金計画 　資金調達内訳, 資金支出内訳	
[別添 1] 　株主など一覧表, 役員名簿	3. 研究開発の成果の企業化または適用の効果
[別添 2] 　技術導入計画書	4. 補助金の交付を受けた実績

のである．したがって，最初から別紙1に取りかかるとなかなか書きにくい．著者の経験からいえば，まず別紙2を仕上げた後で別紙1を書くのがよいと思う．補助制度の申請書は色々あるが，別紙1を書くようになっているものが結構多い．

あえて付け加えるならば，別紙1を書くようになっている申請書は，別紙1をまとめるに際して極めて慎重に構えなければならない．その理由は，企業から申請された申請書の中で，まず最初に審査委員が目を通す書類が別紙1である可能性が間違いなく高いからである．審査委員はA4用紙1枚の別紙1に目を通すことにより，10枚前後もある申請書の内容を把握しようとする．したがって，この別紙1の部分は補助金が交付されるか否かのポイントを握っているともいえる重要な部分であるといえる．

審査委員に対しては，ヒアリングが実施される前に各中小企業者が提出した交付申請書が配布される．申請者の数が多い場合には，別紙1の重要性がなお一層増すといえる．わずかA4用紙1枚であるが，内容については推敲に推敲を重ねて，要領よく申請内容の全貌が理解できるように，かつ，無駄のない文章にして提出するべきである．一方，別紙タイプの場合は，申請書の全体に目を通さなければその全貌が把握できない．

色々な研究開発補助制度があるが，それらの申請書の内容の例は表3.2に示すとおりである．記述表現の違いが多少あるとはいえ，いずれもほとんど同じである．上表の研究開発助成企業補助金は，県の補助制度の中でも最も簡単なものである．また組合の例は，特定産業集積の活性化に関する臨時措置法に基づき県の集積技術高度化補助金が協同組合に交付された場合の例である．

3.2 申請書の詳細と作成上のポイント

3.1節で述べた別紙タイプと別紙1，2タイプは，別紙1を除けば，その内容は共通点が多いので，両者をまとめた形で記述する（表3.2参照）．

3.2.1 申請者の概要

申請者と申請内容に関して，審査委員はほとんど何の予備知識も持ってい

3.2 申請書の詳細と作成上のポイント

表 3.2 申請書の内容の例

	経産 創造技術研究開発費	経産 新エネルギー新規創造技術開発	県 新規成長企業育成	県 創造技術研究開発費	県 研究開発助成企業	市 基礎技術研究支援	組合 新商品新技術開発事業
事業計画書	○	○	○	○	○	○	
申請者の概要	○	○	○	○	○	○	
研究開発の必要な理由	○	○		○	○	○	
従来品の技術的問題	○	○					○
本研究による新技術	○		○	○		○	
研究開発の内容規模	○						
現在までに行なった基礎となる研究		○	○	○			
今後行なう研究開発の規模と方法		○	○	○			○
規模の理由	○						
スケジュール	○	○	○	○	○	○	
成果の目標	○	○	○	○	○	○	
資金計画	○	○	○	○			
資金支出内訳	○	○	○	○	○	○	○

ないと考えるのが自然であろう．それらの審査委員に対して，申請者がどのような中小企業者であるかについての情報を与える必要がある．したがって，まず最初に申請者の概要について記述する項が設けられている．

会社案内パンフレットがあればある程度わかることではあるが，申請会社の資本金，従業員数，業種，主な製品名，年間生産高，主な販売先，および主な仕入先などについて記述しなければならない．また，会社の沿革とし

て，設立・創業時から現在までの経緯や事業の内容などについても記述することが必要である．事業内容については，その会社の強みや技術基盤などについても記述するのがよいと思う．会社案内パンフレットがまだ作成されていないところは，部数の関係もあるので大量の印刷ではなく，適当に編集してカラーコピーしたものを準備しておくことを勧める．業種については，法で「基盤的技術産業」として指定されている産業分類番号と業種名を参考にするとよいであろう（参考資料4）．

申請企業の現有施設については，土地，建物，主要設備について書かなければならない．本社のほか，工場が2箇所以上にある場合には，所在地ごとに記載する．建物については，前述の本社や工場のほか，倉庫，寮，スポーツ施設などについても記述しなければならない．主要設備については，文字どおり主要な設備（生産設備，検査・試験・測定装置機器類）について書けばよい．特に，申請した研究開発事業で使用する試験設備機器などについての記入は当然である．さらに，過去に受けた補助金や助成金の交付時期，対象研究開発事業，交付機関・制度および補助金額などについて書くようになっている（同様なことを申請書の最期の部分で書くようになっているものもある）．この項目も重要である．過去に補助金や助成金などを受けてそれなりの実績を上げているということは，今回の申請企業が補助金の交付を受けるに相応しい技術開発力を有することをある程度補完することにもなる．実績がある場合には積極的に記述するべきである．

3.2.2 開発組織とメンバーの役割

開発組織の構成は，大まかにいえば主任研究者，研究開発従事者および経理担当者などからなる．形式的にいえば，研究開発のトップは社長であろうが，この内，特に重要なのは主任研究者であろう．当該研究開発事業の成否を左右するリーダーとして極めて重い責任を有しているからである．したがって，主任研究者については，職名，氏名および略歴について記述することが要求されている．その略歴については，現在までの研究開発履歴をポイントに記入する必要がある．もちろん，専門性についても評価の対象になる．小企業の場合には，この主任研究者に社長自身がなることもあり得るであろ

3.2 申請書の詳細と作成上のポイント

う．

　参考までにいえば，中小企業総合事業団の課題対応技術革新促進事業やエネルギー使用合理化新規産業創造技術開発費補助金などの申請書においては，研究開発組織を図示するようになっている（図 3.2）．

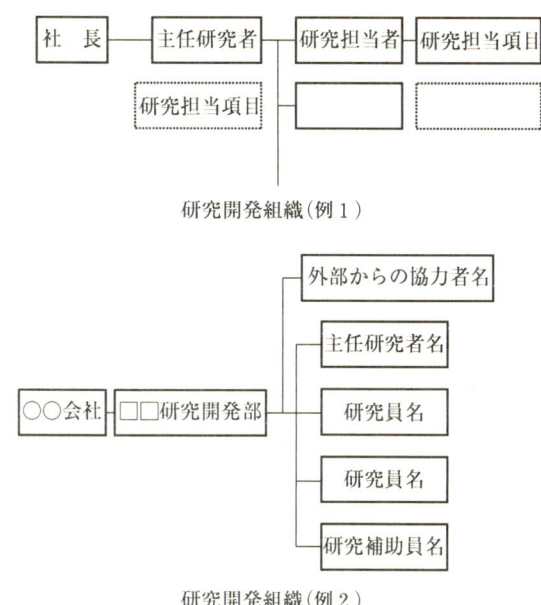

図 3.2　研究開発組織の例

　本書が対象にしている補助制度の場合には，上記のような研究開発組織を書くようになっていない場合が多く，表 3.3 のような記入か，あるいは箇条書き式に書くようになっているものがほとんどである．しかし著者の意見としては，たとえ面倒でも図 3.2 の例に示すような研究開発組織を作成しておくことを勧めるものである．このようにしておくと，後述する個々人の役割分担との関連や研究開発工数の算出作業において大変便利である．

　ほかからの指導者または協力者については，今から実施しようとする研究開発に関連して具体的に何について指導または協力してもらうかについて，事前に本人と十分に打合せを行ない，了解を得ておくことが肝要である（指

3. 申請書の作成から受理されるまで

表3.3 研究開発組織の記入例

(1) 主任研究者の職名・氏名および略歴ならびに補助事業の経理担当者の職名・氏名

区 分	職 名	氏 名	略 歴
主任研究者			
経理担当者			

(2) 研究担当者の氏名および職名

区 分	職 名	氏 名

(3) ほかからの指導者または協力者

表3.4 研究項目とメンバーの役割分担

担当研究項目別		技術調査	市場調査研究	技術開発	実験研究	まとめ	報告書作成
氏名	役職名						
A	取締役総括担当		◎				◎
B	開発部長	◎	○	◎		○	
C	設計課長	○	○	○			
D	実験課長				◎	○	
E	設計係長	○		○			○
F	設計課員			○		○	
G	実験課員				○	○	

【備考】◎印は主担当者，○印は担当者を示す．

導または協力者をどのようにして探すか，コンタクトをどのようにとればよいかについては別の項で述べる）．指導または協力してもらう事項については，できるだけ簡潔に書く必要がある．例えば，「試験結果の総合評価について指導を受ける」とか「開発する部品に関する有限要素法による強度解析と振動解析について指導を受ける」などのようにである．

研究開発組織表を作成する際に，各人の役割（研究担当項目）についてもまとめておくとよい．その一例を示すと表3.4のとおりである．各人が担当する役割についてはできるだけ詳細に決めておく方がよい．

3.2.3 研究開発の内容

前述の別紙タイプにおいては，今回行なおうとする研究開発の規模および方法の項目が次にくる．ここでは，研究題目，研究の実施場所，研究開発の目的，研究項目，研究の内容および方法，研究規模，研究規模の理由，技術指導の内容および工業所有権導入の有無などについて記入しなければならない．

一方，別紙1,2タイプの場合は，研究開発題目を別紙1の補助事業計画書（Ａ4用紙1枚）の頭の部分で記載しなければならない．研究開発内容については，研究開発の必要な理由，研究開発の内容，規模（現在までに行なわれている研究，今後行なおうとする研究開発の規模および方法，研究開発の委託の必要性），および研究開発の資金計画などからなっている．これからわかるように，記述する内容はほとんど同じであるといってもよい．したがって，以下に個々の項目について説明する．

(1) 研究開発題目（研究題目）

研究開発題目は，今から行なおうとする研究開発事業の内容を簡潔に，しかもよくわかるように表わすものでなければならない．この意味から，題目（テーマ）の決定に当たっては知恵を絞るべきである．研究開発の内容がよく理解できない，余りにも漠然とした表現のものでは困る．申請書の読み手（審査委員）にとってみれば，研究開発の大体の把握ができるようなものが望ましい．例えば，「○○の研究開発について」というような一般的な表現ではなく，「○○装置を内臓した□□の研究開発」とか「溶融炉飛灰の無害化△△

剤の研究開発」のように具体的に書くことが望ましい．

　参考までに，最近の補助事業や委託事業において採択された研究開発テーマの中から幾つか代表的なものをピックアップして以下に示しておく．○○で示したところには，適当な用語を入れればよい．字数と○の数は無関係である．

　① ○○○に代わる小型帯電防止処理装置の開発
　② ○○○用高性能熱交換器の開発
　③ 小型高効率○○○○の冷却システムの開発
　④ ○○○を含む排ガス処理装置の開発
　⑤ 静粛，かつ省エネを具現化する○○○装置の開発
　⑥ 三次元ネットを使用した○○○用シートの開発
　⑦ ○○○用脱塩ビ防音シートの開発
　⑧ 急速冷却装置を内臓した○○○の開発
　⑨ 光学的手法による○○表面欠陥検出装置の開発
　⑩ 三次元形状鍛造型の○○評価装置に関する研究開発
　⑪ 超微細コイル○○装置に関する研究開発
　⑫ 高能率発泡スチロール製○○○粉砕装置に関する研究開発
　⑬ ○○○を使用した水処理汚泥の処理装置に関する研究開発
　⑭ 内部画像処理による○○○検査装置の研究開発
　⑮ ○○化合物の自動濃縮・分析装置の開発
　⑯ 低コスト○○代替材料製造装置の開発
　⑰ ○○○による発電装置の開発
　⑱ ○○○発振方式による下水道洗浄装置の開発
　⑲ 含水○○○廃棄物の迅速炭化装置の開発

　ここで注意しておくことがある．先に，補助制度によってそれぞれその目的が異なるので，交付申請書の作成においても，何を行なうのかについてはその主旨によくマッチしたものでなければならないと説明した．補助制度にもよるが，当該補助対象事業の対象とする（新技術に関する研究開発の）技術内容を限定している場合がある．例えば，平成13年度の経済産業省の創

3.2 申請書の詳細と作成上のポイント

造技術研究開発費補助金制度の場合には，対象とする技術内容として次のものを挙げている．

- ☐ 機械，器具または装置の高性能化のための新技術
- ☐ 物質または材料の開発利用技術のための新技術
- ☐ 製品の開発のための新技術
- ☐ 生産，加工または処理のための新技術
- ☐ システムまたは工法の開発のための新技術
- ☐ 都市開発のための新技術
- ☐ ソフトウェア，情報処理の開発のための新技術
- ☐ 廃棄物処理・リサイクルのための新技術
- ☐ 環境改善・保全のための新技術

また，中小企業総合事業団の平成13年度課題対応技術革新促進事業の募集対象技術分野として，

- ☐ 材料・プロセス技術分野（セラミックス，繊維，化学を含む）
- ☐ 機械・システム技術分野
- ☐ 電気・電子技術分野
- ☐ 情報・通信技術分野
- ☐ バイオテクノロジー分野
- ☐ 医療・福祉技術分野
- ☐ 環境・資源技術分野
- ☐ 住宅・都市環境関連技術分野
- ☐ 流通・物流関連技術分野
- ☐ 海洋関連技術分野
- ☐ 新エネルギー技術分野
- ☐ 省エネルギー技術分野
- ☐ リサイクル技術分野

を挙げている．

もう一つの例として，H市の基礎技術研究支援補助制度の場合の補助対象事業を示すと次のようになっている．

▽ 自動車関連製品・部品の製造，加工，組立を行なう企業などが実施する自動車関連製品・部品の製造，加工，組立に関する新技術開発または新分野進出のための新技術の研究開発
▽ バイオ関連の新技術を活用した研究開発を行なう企業などが実施するバイオ関連の新技術を活用した製品の製造などに関する研究開発

この場合は，地域の特性に合わせたローカル色が濃いものとなっている．

これらの例のように，対象技術分野が明示してある場合には，その指針に沿うのは当然である．しかし，指針が明確に示されていない場合には，研究開発の対象には制約がないのかどうかを一度確かめておく必要がある．

(2) 研究の実施場所

研究の実施場所は必ずしも1箇所とは限らない．本社＝工場の場合には，恐らく同じ場所で開発が実施されることが多いであろう．ところが，実施場所が2箇所以上ある場合もあり得る．例えば，自社の研究部門でも行なうが，試験装置や機器の関係で，大学や公設試（県の工業技術センターや市の工業技術センターなど）においても実施するという場合である．さらに，自社の2箇所の工場において実施することもあるであろう．

いずれにしても，すべての実施場所を記入するのがよい．そうして，それらの中での主たる実施場所を明確にしておく必要がある．開発事業への補助金の交付が決定して事業が進展している場合，交付元による中間検査あるいは完了検査が行なわれる．その際に，どこで検査を行なうかを決めるためにも必要である．なお，詳しくは工数のところで説明するが，研究担当者の常駐場所から離れたところで，移動に時間を要する場所で行なう補助対象の業務に要した時間は，往復の移動時間を省いて集計をするのが普通である．

(3) 研究開発の目的とそれを必要とする理由

なぜこの研究開発を行なわなければならないのかという必要性と，どのような新規性を有するのかについてよくわかるように説明しなければならない．

まず，その研究開発を行なうに至った具体的なニーズは何かについて書かなければならない．例を挙げて説明すれば，従来の製品や工程はどのような

ものであるか，それらの技術的・経済的な問題や課題は何かなどについて具体的に説明するのがよい．ここでいう具体的とは，従来はどのような状況であり，何人の人が従事し，コストは幾らであったなど，できるだけ数値的・定量的な表現で記述するということである．なお，参考のために申し述べておくが，上記の「従来」とは「現状」と同じ意味合いの言葉である．申請書では，従来という用語を使用するのがよいようである．

　「従来」に対比されるものとして，この研究開発の最終的な成果の目標がある．本研究開発によって従来のものが抱えている問題点がどのように改善・解決されるのかについて，前述と同様に具体的に定量的に説明しなければならない．そのためには，成果の目標を技術的な目標と経済的な目標に分けて具体的に説明するのがよいであろう．

　以上述べたように，従来の状況と成果の目標の両方から具体的に研究開発の目的をまとめればよい．このようにすれば，申請書の内容についての整合性を保つこともできる．さらに追記するならば，従来品と目標品の仕様（素材，強度，大きさ，重量，耐久性など）の違いを含めて説明できれば，なお好ましいといえる．

　さらに，この研究開発をなぜ新技術や新製品開発のために行なう必要があるかについて，その理由を記載することが必要である．また，その研究開発と類似する国内および海外の技術との相違点を示すとともに，国内外の類似の工業所有権についてもその相違点を述べるのがポイントである．

(4) 研究開発の内容説明

　研究開発の内容の説明については，現在までに行なわれている基礎となる研究と，今後これから行なおうとする研究開発について説明しなければならない．これには技術導入も含まれる．前者については，テーマ，研究実施場所，研究項目，投入工数，研究期間，所要経費および成果などについて記述する．この場合，説明が不足するところについては各種のデータ，図・表および写真などで示すのが望ましい．

　著者は，ここでいう「現在までに行なわれた研究開発」は，F/S（フィージビリティ・スタディ：研究調査）に相当するものであると考えている．中小企

業者にとって，研究開発資金のすべてが自己資金でまかなわれるような余裕があっての研究開発であれば何も問題はないが，補助金や借入金により研究開発を行なうということそれ自体，その企業にとって企業の死命を制するとはいえないまでも，極めて重要な研究開発であることには相違ないものと考えられる．したがって，本番ともいえる補助金を活用した研究開発に取りかかる前に，その研究開発テーマにつながるテーマについて，自社あるいは他の場所を借りて，一応既に何らかの研究が行なわれていると考えるのが自然であろう．しかし，現在まで申請したテーマに関する何らの研究や試行が行なわれていなく，補助金の交付を受けてはじめて取り組むということであれば，その成果の実現性に対して，補助金交付の適不適を審査する側から何らかの不安を抱かれても仕方がないといえるであろうし，一般論として，安心して補助金の交付を決定することに躊躇するであろう．ただし，すべてがそのようなものでないのはもちろんであるし，成果の実現性に対して，かなりの客観的な根拠がある場合には別である．

　補助金による研究開発事業は，前述したように研究開発期間が短い．したがって，少なくとも研究調査が終了していて，申請した研究開発テーマへ移行するに際して，技術的な可能性や事業的な可能性が高いと判断されるところまで詰めておくことが必要である．いい換えれば，研究調査を行なうことにより，一応研究開発の実績や経験を積んでいるか，申請している研究開発を実現させるための問題点が明確に把握され裏づけされており，的確な研究項目として明示されているかなど，成果の実現性を強く訴えるものであることが望ましい．

　次に，今後行なおうとする研究開発の規模と内容について記載しなければならない．この部分は交付申請書の主要な部分の一つになっている．申請している研究開発事業のために使用しなければならない設備，試験機器，材料などが明確にされているか，成果の目標を達成するために，既に行なわれている研究調査の基盤の上に立って，どのような手順でどのような項目について研究開発に取り組むのかなど，全体の研究開発計画の中のどの部分を実施するのか，実施済の部分はどこかなどについて明確にしておくことが必要で

ある．さらに，人材をどのような役割分担のもとに割り振るのか，指導者や協力者には何をしてもらうのかなども考慮して検討されたものであるべきである．

研究項目については，どのような項目について研究するのかについて記載する．できるだけ箇条書きに書くのがよいであろう．この各項目は，この後に説明する研究の内容および方法とも関連がある．以下，二，三の例を挙げて説明する．

【例1】自動車のブレーキペダルの一部を鉄製材料から樹脂材料に代替することにより，軽量化とコストダウンを狙う研究開発の場合の例
① 従来製品の強度に匹敵する樹脂複合材料の選定（研究調査において，どのような樹脂複合材料を使用すればよいかについて，ほぼ見通しが立っている）．
② 樹脂製部品の形状を決定するためのサンプル試作，性能試験，および形状の決定．
③ 実物による試験
　A．単品試験
　　a．サーマルショック試験
　　b．低温衝撃試験
　　c．左右剛性試験
　　d．横方向大荷重強度試験
　B．組立試験（以下略す）

【例2】福祉用のスツール（いす）ベッドの開発（折りたたむとスツールになり，引き伸ばすとベッドになるもの）．
　A．技術開発研究
　　a．ベッドおよびスツールの最小化の研究
　　b．加工技術の研究（コストに見合った軽量部材の選定，同上材料の接合技術の開発，耐久性に関する研究など）
　　c．操作の簡易化に関する研究（スツール⇒ベッドの展開技術の研究，ベッド⇒スツールの縮小技術の研究，マットガードの収納方法に

関する研究，マットの収納方法に関する研究など）
　B. 実験研究
　　　a. スツールベッドの試作
　　　b. Aのa，b，c，dに関する実証試験
　　　c. 体圧分布の測定
　　　d. 作動の確実性に関する試験
　　　e. 操作性に関する試験
　　　f. モニタリング試験
　以上の例1，例2が研究項目の例である．

　さて，研究の内容および方法については，前述の各研究項目ごとに，どのような内容のことをどのような方法で，かつ，どのような機械設備・冶具・型具・材料を用いて研究するのかについて記載しなければならない．この場合，補助金申請書に，仕様書やわかりやすい図面のほか，原理がよくわかるような見取図を添付しておくとよいであろう．研究開発テーマによっては，補助金を申請する前に工業所有権の申請を済ませる場合もあり得る．すなわち，公知の関係や先願の関係上，やむを得ず早めに申請を済ませておくことが必要なこともある．特に，原理特許の場合がそうである．原理特許を先に申請しておいて，後からその実現化を図るということも補助金を活用した研究開発の立派な対象になるのである．以上，要するに研究の内容および方法に関しては，できるだけ詳細に記述することが必要である．

　次に，研究の規模について説明する．研究の規模とは，例えば試作品の数量，試験の回数，装置のサイズなどの研究計画の大きさである．なぜ，その研究開発を行なうのに，それだけのことを構えて行なう必要があるのかについて詳述しなければならない．これについては正直に記述するのがよい．既に，製品開発規格がある場合には，試験に必要な数量が決まっていることも多い．

　技術指導の内容については，上述の研究項目のどの部分について指導を受けるのかについて記述する．この場合，その指導者はその地域社会において，しかるべき実績が認められた人でなければならないし，あるいはしかる

べき専門性のある人であることが必要である．また，当然ながら本人の了解を得なければならない．この場合，その人が所属する機関によっては，その機関の責任者への指導に関する要望書を提出することが必要な場合もある．それは，指導を依頼した本人から依頼者への申し出によりわかる．

(5) **工業所有権の導入**

　この研究開発において，工業所有権の導入をしなければならない場合には，何のためにそれを導入するのか，およびその内容はどのようなものであるかについて具体的に記載することが必要である．

　この項では，交付申請書に記載する研究開発の内容について，種々重要な事柄について説明したのであるが，念のためにその要点を箇条書きして示しておくので参考にしていただきたい．

　① 補助金を活かした研究開発を通じて，会社の業績向上を図るという理念を明確に持つこと．

　② 交付申請書を書いて提出するということは，交付申請者と審査委員とを結ぶ最初の接点をつくるということである．当然ながら，審査委員は交付申請者に関する知識は皆無に近いと考えてよい．そのような審査委員から，いかにして申請内容について十分な理解を得て，交付の決定にまでつなげていくかということである．全知全能を発揮して取組むべき問題であるとの認識を持つことが必要である．

　③ 交付申請書を書くに当たっては，なぜこの研究開発を実施しなければならないのかという必要性と新規性について，特に力点をおいて記述することが必要である．申請された研究開発内容が，既に他社（または他の個人）によって実施され完成されている場合には，当然ながら交付の対象とは認められない．また，それと同様なものとみなされる場合についても同様である．

　④ 交付申請書の分量は，Ａ４版の用紙で10頁前後（添付の図・表は除く）である．いたずらに長すぎる冗長な文章でも困るし，また，短すぎて記述説明したい内容がよくわからないというのも困る．適当な文章量で記述しなければならない．申請内容について審査される審査委員は，それぞれの分野における専門の先生方である．とはいえ，審査委員の専門外の研究開発に係わ

るものもあるはずである．したがって，異分野の専門家が読んでもわかるように記述しなければならない．業界特有の専門用語や申請書内容に関する重要なキーワードなどについては，誰が読んでもよくわかるように注釈をつけることも必要であろう．適宜，図・表を用いて説明するのも効果的である．

⑤ 成果の目標については，可能な限り具体的定量的に数値で示すことが望ましい．審査委員に対して，ビジョンが具体的に描かれていることをアピールする必要がある．

⑥ 全体を通じて，効率的かつ効果的な研究開発を行なおうとする意欲が随所に伺われるものであること．例えば，産官学の連携などである．また研究開発の協力者として誰を選ぶかも重要である．

⑦ 特に，別紙1，2タイプの交付申請書の場合，別紙1のように全体計画書としてA4版1枚にまとめなければならない．審査委員は，まずこれを読んで交付申請書全般に関する評価を行なうので，この計画書については他社との競争力を高めるようにブラシアップすることが必要である．

⑧ 申請している研究開発に関連して，環境保全やリサイクル性の向上など，社会的要請に応えるものがある場合には積極的に記載するべきである．

3.2.4 計量単位

わが国では，世界共通の国際単位系（SI）の使用に対応した国際化への措置として，1959年から，従来の尺貫法に代わるメートル単位系の使用が計量法で義務づけられた．また，計量法が1992年に大改正され，SI単位を全面的に採用した新計量法が交付された．しかし，急激にSI単位に移行することで混乱を招くと予想される計量単位については，3段階の猶予期間を定めていた．これについては，1999年9月30日をもって猶予期間が満了した．

したがって，研究開発で使用する計量単位（例えば，応力，圧力，粘度，その他）についても新計量法を遵守しなければならない．その一部については，表3.11（3.5.2項の④に示す）に示すが，その他のものに関する詳細は参考資料5に示しておく．

3.3 研究開発工数

　研究開発が組織的に行なわれている会社においては，研究管理部門を設けて日常から色々な研究開発項目ごとに要した研究開発工数を把握しているのが普通である．ある研究開発を実施する場合，従来から一度も行なったことがなく全くはじめて行なうという場合と，過去同じレベルの研究開発を何度も行なった経験がある場合とでは所要工数は異なってくるのが普通である．後者の場合には，習熟の度合が高くなっているので，いわゆる要領がよくなり，試験装置の組立や試験の段取りおよびデータ取りなどの時間が短くなってくるのである．通常は，これらの習熟度のほかに，例えば試験の難易度（対象物の大きさ，重量，構造など）や，それに従事する研究者の能力レベルなどを考慮して，所要工数の見積りをする（あるいは査定する）．それでも，なかなかぴったりと工数が合わない場合が多い．とはいえ，このような平生からの科学的管理を行なっていれば，成行き管理にはならないであろう．工数がオーバーした場合や工数の実績が少なくて済んだ場合，なぜそのような結果になったのかについて，原因を明確に追究しておくことが肝要である．このような努力の積重ねの結果として研究管理のためのデータベースが完備されてくるのである．

　しかし，大半の中小企業者においては，このような夢のようなことは到底かなわないと思われるところもあるであろう．それでは，過去からのデータらしいものがほとんどない元気印の中小企業者の場合はどうすればよいであろうか．その場合には，過去からの経験と勘と度胸などを駆使して見積りをすればよいであろう．その関係の仕事については長年タッチしているのであるから，研究対象項目が定まれば，人員を何人かければどのくらいの時間でできそうであるかについてはある程度推測できるはずである．

　一例として，先の 3.2.3 (4) 項の例 2 の場合を表 3.5 に示す．このような表を申請書に詳細に記載する必要はないが，もしも，補助金の一部を労務費に補填しようとするのであれば，後述するように経費の一覧表に研究者ごとの必要工数を記載しなければならない．表 3.5 は，上の覧の横方向に研究者

表3.5　研究開発工数のまとめ　　　（単位：時間）

	氏　名						合計
	B	C	D	E	F	G	
① 技術開発研究							
面積最小化の研究	10	15	10				35
加工技術研究	10	10	10		10		40
操作の簡易化研究	10	10	10				30
操作性向上研究	10	15	10				35
設計図面作成	10	70	150		170		400
② 実験研究							
試作							
実証確認試験				38		50	88
体圧分布試験				39		53	92
作動の確実性試験				39		53	92
操作の容易さ試験				38		50	88
③ 特許内容調査	45	45	51			35	176
④ 文献内容調査	28	28	26				82
⑤ まとめ	50			40	40	40	170
⑥ 報告書作成	25	25	40				90
小　計	198	218	307	194	220	281	1,418
⑦ 出張調査	19	15		19			53
合　計	217	233	307	213	220	281	1,471

の氏名を書き，縦方向に研究開発，実験研究項目，特許内容調査，文献内容調査，報告書作成および出張調査などの各人ごとの工数が記載してある．さらに，右端に各項目ごとの合計と下端に小計と合計が集計してある．可能であれば，各項目ごとに実施期間も記入しておくのがよい．

　補助制度によっては出張調査工数が認められる場合がある．また，たとえ出張が認められない補助事業でも，その必要がある場合には表3.6のような形でまとめておくとよいであろう．この表は，表3.4の技術調査の項目を例にとって作成してある．なお，念のために説明しておくが，補助対象となる出張工数は，実際にその仕事に従事した時間とするべきである．当然，移動

3.3 研究開発工数

表3.6 出張時の必要経費のまとめ方　　（単位：円，時間）

出張先	氏名	区間	宿泊費 a	旅費 b	日当 c	出張調査費 時間	出張調査費 費用 d	回数	合計 $a+b+c+d$
S	E	広島～東京	0	36,100	2,000	4.0		1	
T	B	広島～東京	15,000	36,100	15,600	10.0		1	
T	C	広島～東京	13,000	36,100	10,400	10.0		1	
U	C	広島～神戸	0	19,480	2,500	5.0		1	
V	E	広島～東京	12,000	36,100	7,800	10.0		1	
W	E	広島～神戸	0	19,480	1,500	5.0		1	
X	B	広島～大阪	16,200	19,900	7,800	9.0		1	
合計			56,200	203,260	47,600	53.0		7	

【備考】出張調査費の欄の費用は，時間に各人の時間給を乗じて算出する．a, b, c, dを加えたものが合計となる．

時間は含まれない．種々の展示会やショーの調査に行なった場合，その会場へ入場してから出場するまでの時間が補助対象時間である．打合せの場合においても，考え方は同様である．

なお，参考までに設計工数の一部としての特許調査工数の算定を行なう場合の一例を示す．すなわち，

□ 他社の特許回避案の発想工数の算定：

　320時間×2人×2,500円/時間×2回＝3,200,000円

□ 特許の抵触調査：

　50件×10時間/件×2,500円/時間＝1,250,000円

□ 外国特許の翻訳料：

　50件×5頁×2,720円/頁＝680,000円

のようにすればよい．

なお，ここに示した各単価の値はあくまでも参考であるので，必要な場合には再度見積りをとって行なう必要がある．

3.4 研究開発スケジュール

　研究開発スケジュールについて述べる前に研究期間について説明しておく．これについては，よく理解しておくことが必要である．既に記述したように，補助事業は単年度の事業である．したがって，2年度ないし4年度にわたる研究開発の場合でも，毎年度申請書を作成して申請しなければならない．この場合，初年度の申請書には終了までの何年度かにわたる開発計画表を記載しておくのはもちろんである．

　補助制度の募集説明書を見ればわかることであるが，その補助金は単年度限りで△△万円のものか，あるいは2〜4年度にわたるもので，総補助額が○○万円のものかが明記されている．ここをまず確認しなければならない．実際に2年度にわたっての開発事業であるにもかかわらず，うっかりして，単年度限りの補助事業として申請して交付決定になった場合，次年度に同じ研究開発テーマで申請することはできない．次年度は，自己資金，あるいは自己で資金を手当てして研究開発を進めなければならなくなるので注意が必要である．

　例えば，3年度以内で補助金 1,000 万円（例として補助率 1/3 以内とする）という補助事業に応募する場合，初年度の研究開発日程の開始は交付決定日，終了予定日は，最も遅い場合は翌年の3月末日と書く．しかし，開発スケジュールのところは，2年度にわたる計画であれば当年度と翌年度，3年度にわたる計画であれば当年度，翌年度および翌々年度までのスケジュールを記載しなければならない（スケジュールを記載するようになっていない場合には，期間を記載する項目がある）．この場合，補助金は2年度の計画であれば2年度分で 1,000 万円以下になるように分割しなければならない．もちろん，3年度の計画の場合には，3年度分の合計が 1,000 万円以下になるようにする．

　以上のことが理解されたということで，研究開発スケジュールに関する説明に移ることにする．スケジュールといっても取り立てて構える必要はない．先に説明した 3.2.3 項の研究開発の内容についてのところで紹介した例

2の場合の研究開発工数は 表3.5 に示したとおりであるが，その実施計画を参考にして研究開発スケジュールを作成した例を示すと 表3.7 のようになる．さらにこの場合，表3.8 のように設計，発注・納品，試作品製作，性能評価，およびまとめの形で研究日程表を作成してみるのも一つの方法である．

研究開発は，効率的かつ効果的に行なわれなければならない．そのためにも，研究開発スケジュールは詳細に作成するのが望ましい．交付申請書に記載する研究開発スケジュールは 表3.7 のようなものが多いのであるが，社内的には別途詳細なスケジュール（より細かく分解された研究開発項目，所要工数，担当者，場所などを記載したもの）を作成しておく必要がある．世の中には，せっかくスケジュールを作成しても，すぐに変更になるので作成の意味がないという人がいる．しかし，スケジュールが往々にして変更される

表3.7　研究開発スケジュールの例

	研究項目	7月	8月	9月	10月	11月	12月	1月	2月	3月
技術調査	特許調査	═								
	文献調査	═								
	見本市・展示会調査	═		═		═				
市場調査	人間生活工学的調査			═						
	ヒヤリング調査		═	═						
技術開発	面積最小化の研究	═								
	加工技術研究		═		═					
	操作の簡易化研究			═						
	設計図作成	═			═					═
実験研究	試作	═					═			
	実証・確認試験			═			═	═		
	体圧分布試験			═						
	作動の確実性試験			═			═			
	操作の容易さ試験				═		═			
	モニタリング試験								═	
	評　価			═				═		═
	まとめ									═
	報告者作成									═

表3.8 研究開発日程表の例

研究開発項目 予定年月	設　計	試　作	評　価
6月			
7月	試作設計（7月1日）	材料発注（7月3日） 材料入荷（7月10日） 一次試作（7月）	
8月		動作試験（8月）	
9月			社内評価（9月15日）
10月	改造設計（10月10日）	材料発注（10月15日） 材料入荷（10月30日）	
11月		二次試作（11月） 動作試験（11月25日）	
12月			社内評価（12月25日）
1月		改　造（1月31日）	
2月		試験完了（2月25日）	
3月	量産設計（3月10日）		評価完了（3月20日） まとめ（3月末日）

のはよくあることである．一度作成したスケジュールが，補助事業の終了まで全く変更なしに遂行されるのが理想ではある．しかし，短期間で，しかも年度内に終了させなければならない補助事業の場合には，一寸した阻害要因が発生しても全体へ及ぼす影響が大きい．問題発生のたびに適切な対応をとる必要がある．例えば，試作品の完成が遅れる場合，当然ながら試験担当者が遊ぶことになるが，その間の別の仕事として何を割り付けるかを検討する際に，詳細スケジュールが大いに役立つのである．実施の順番は後の方になっているが，工数がほぼ同じで前倒しできる仕事は何かなどすぐにわかるのである．このあたりの仕事は，開発責任者の腕の見せどころであるともいえる．

3.5　経費の一覧表の作成および資金の調達計画

3.5.1　経費の一覧表の作成

一般的な補助対象経費の経費区分とその内容を説明した例を表3.9に示す．区分は，原材料費，構築物費，機械装置費，工具器具費，外注加工費，技

3.5 経費の一覧表の作成および資金の調達計画

表 3.9 補助対象経費の例

経費区分	内　容
原材料費	原材料費および副資材の購入に要する経費 機械装置，工具器具費を自社で製造する場合の木型，鋼材など
構築物費	構築物の購入，建造，改良，据付け，借用または修繕に要する経費 構築物とは補助の対象として適切なプレハブなどの簡易なものをいう
機械装置費	機械装置の購入，試作，改善，据付け，借用または修繕に要する経費 機械装置を自社で製造する場合の部品など 測定・分析・評価などを行なう機械装置の購入（取得価格に制限あり） レンタルおよびリース契約などで使用する場合の補助対象期間分の経費
工具器具費	工具器具の購入，試作，改善，据付け，借用または修繕に要する経費 工具器具を自社で製造する場合の部品など
外注加工費	外注加工に要する経費 原材料の再加工，機械装置の設計を外注する場合の経費
技術指導受入費	他からの技術指導の受入に要する経費
直接人件費	研究開発に直接関与する者の者の直接作業時間に対するものに限る
その他の経費	その他，上記の補助対象以外の経費で，研究開発に必要な経費

術指導受入費，直接人件費，およびその他の経費からなっている．ここで注意しておくが，申請に当たり経費区分のすべての項目について記入する必要はない．ここに書かれている区分については，補助金の対象になるという意味である．

個々について説明を加えるとすれば次のとおりである．なお，経費区分欄の用語については，補助金制度によって，同じ意味合いでも異なる表現をしている場合があるので，この点要注意である．これについては，臨機応変に対応されたい．

(1) 原材料費

一般に，原材料費はほかの経費に較べて金額的には小さいことが多い．よほど高価な材料単価のものは別として，通常使用する合成樹脂や鉄および非鉄金属類の単位重量当たりの単価はそれほど高価ではない．各申請企業でも製品の製造を行なっているはずであるから，日常使用する諸材料の市場単価

については把握されているであろう．工業技術関係の日刊新聞誌にも，一応市場価格が掲載されている．

原材料とは，この研究開発に直接的に使用する主要な原料，主要材料，および副資材などをいう．この研究開発に必要な機械装置や工具器具類を自社で製作する場合の木材や鋼材などの材料については，この原材料費に入れるのが普通である．

(2) 構築物費

構築物費は，この研究開発を行なうために必要なプレハブなどの簡易なものの購入，あるいは自社での建造，改良，修繕などに係わる鋼材などの資材の購入に要する経費をいう．この研究開発を実施するために，必要かつ不可欠であることが条件となる．事業終了後のプレハブの解体費は認められないので要注意である．

さらに，据付けを含めて上記と同様なことを外注する場合についても認められる．なお，ここにいう改良の意味は，対象物の機能のアップや耐久性を増すことをいう．また，修繕とは対象物の機能を維持するための修理，メンテナンス，および移設を行なうことをいうのである．構築物の輸送費や消耗品費は補助対象外となる場合が多いので要注意である．

(3) 機械装置費・工具器具費

機械装置費・工具器具費については次のとおりである．機械装置費とは，申請した研究開発を行なうために必要な機械装置の購入費，自社で機械装置を製作する場合に必要な部品費，および測定・分析・評価などを行なう分析など機械装置の購入に要する経費をいう．ただし，少しややこしいのであるが，この分析など機械装置の補助対象になる取得価格に制限が設けられている場合が多い（もちろん，制限が設けられていない場合もある）．例えば，取得価格が30万円未満とか50万円未満とかである．申請書の募集案内説明書をよく読むことが必要である．ただし，研究開発の成果物に組み込まれており，それなくしては成果物としての機能が果たされないものについては，一般に取得価格には制限が設けられないことが多い．

また，上記とは別に，この研究開発に必要な機械装置を外注によって調達

3.5 経費の一覧表の作成および資金の調達計画

(試作,改良,据付け,修繕)した場合の経費も補助対象となる.さらに,上記の機械装置や分析用機械装置をレンタル業者やリース業者から契約して借用した場合の経費も補助の対象となる.これらの業者との間である期間を限って借用契約をするが,補助対象期間のみが補助対象となるので要注意である.この場合,借用期間が補助事業の期間よりも長い場合には,按分比(補助対象期間/全借用期間)によって計算をすればよい.機械装置についても,輸送費や消耗品費は補助対象外と考える方がよい.

工具器具費についても,上記と考え方については同じであるが,念のために説明を加えておくことにする.工具器具費は,申請した研究開発を実施するのに必要な機械装置などを製作するための工具・器具などの購入費のほかに,この研究開発に必要な工具・器具を外注して,試作,改良,据付け,修繕を行なわせる場合の経費をいう.このほか,研究開発に必要な工具・器具を借用した場合の経費も対象となるが,これは機械装置の場合と同様である.この場合も,輸送費や消耗品費は補助対象外と考える方がよい.

(4) 外注加工費

外注加工費は,申請した研究開発を遂行するのに必要な原材料などの再加工,機械装置・工具器具の設計などを外注する場合の経費をいう.ただし,機械装置や工具器具に関する外注加工費は対象から除かれる.

また,いうまでもないことであるが,技術開発そのものを外注すると,補助事業の要件に該当しなくなるので要注意である.

(5) 技術指導受入費

技術指導受入費は,工業所有権を導入するに当たり,権利の所有者から技術指導を受ける場合の費用や,外部からの技術指導を必要とする場合に指導者に支払う経費などである.

(6) 直接人件費

直接人件費は,補助の対象になる場合と,ならない場合とがあるので,説明書をよく読むことが必要である.詳細な説明は避けるが,補助対象者の資格,時間給,あるいは補助対象時間に制限が設けられている場合もある.例えば,補助対象者を研究職員,設計職員および工員とするとか,あるいは研

究開発に係わった直接的な作業従事時間が360時間未満の者は対象から省き，1,800時間を越える者については1,800時間相当額を限度に補助対象とするとかである．また，時間給が2,000円を越える場合は2,000円を限度とするなど様々であるので，補助金の募集要項に注意深く目を通すことが肝要である．

時間給は，一般に基本給に所定労働時間外手当を除いた諸手当を加えたものを月平均の所定労働時間で割った値である．これは給与台帳の数値を基に計算しなければならない．

(7) その他の経費

その他の経費は，以上に説明した経費で補助事業による研究開発に必要な経費を記載する．

3.5.2 経費の一覧表の作成上の留意点

表3.9に示した経費区分とその内容説明に従って作成した資金支出内訳記載例を表3.10に示すが，この表を作成するうえで留意するべきことが多々あるので，それらについて箇条書き的に説明しておく．その前に，まず表の見方について説明しておく．

まず最上段の行については，区分，種別，仕様，単位，数量，単価，補助事業に要する経費，補助対象経費，補助金交付申請額および備考となっている．

① 区分の欄は，研究開発の補助対象経費の区分ごとに分けて記載し，各区分ごとに小計を入れる．補助対象区分がない場合には省いてもよい．

② 種別のところは，具体的に原材料名（鋼材，薄板，樹脂，シリンダなど），構築物名（プレハブなど），機械装置・工具器具名（動ひずみ計，油圧ユニット，冶具，パソコンなど），外注加工名（曲げ加工，旋盤加工，設計など）のほか，直接人件費のところは研究開発に従事する社員の具体的な職種（研究員，設計員など）を記載する．さらに，技術指導を受ける場合には相手先から何について技術指導を受けるのかについて簡潔に記載するのである．

③ 仕様については，それぞれの型式，性能，構造などを記入する．原材料が鋼材の場合の例としては，JIS G 3050 SS45，JIS G 3103 SKD61 などで

3.5 経費の一覧表の作成および資金の調達計画

表3.10 資金支出内訳記載例

区分	種別	仕様	単位	数量	単価	補助事業に要する経費	補助対象経費	補助金交付申請額	備考	
原材料費	鋼材	JIS G 3050 SS45	kg	760	750	570,000	570,000	380,000	購入	○○産業
	鋼材	JIS G 3103 SKD61	kg	300	1,069	320,700	320,700	213,000	購入	○○産業
	銅パイプ	JIS H 3303C,2600 T	m	3	3,100	9,300	9,300	6,000	購入	○○産業
	ソレノイド	SL-□□□型	個	20	1,850	37,000	37,000	24,000	購入	○○産業
	シリンダ	CL-○○○型	個	8	6,950	55,600	55,600	37,000	購入	○○電気
	薄板	防錆材3m×20m	kg	20	11,900	238,000	238,000	158,000	購入	○○電気
	ABS樹脂	○○種, 1.5t	枚	20	6,820	136,400	136,400	90,000	購入	○○産業
	小計					1,367,000	1,367,000	908,000		
制御機械装置・工具器具費	制御装置	○○社製SL-400型	台	1	680,000	680,000	680,000	453,000	購入○○製作—プレス用	
	制御装置	○○社製PM-200型	台	1	775,000	775,000	775,000	516,000	購入△△製作所—曲げ用	
	制御装置	○○社製PD-980型	台	1	552,000	552,000	552,000	368,000	購入△△製作所—金型用	
	パソコン	○○社製-PC150型	台	1	2,900,000	2,900,000	0	0	購入	○○商会
	油圧ユニット	○○社製CK-10型	基	1	2,340,000	2,340,000	2,340,000	1,560,000	購入	□□機工
	加熱炉	○○社製KR-300型	台	1	980,000	980,000	980,000	653,000	購入	□□機工
	冷却機	○○社製TS-100型	台	1	75,500	75,500	75,500	50,000	借用	□□機工
	万能試験機	○○社製150T	台	1	150,000	150,000	150,000	100,000	借用	□□機工
	硬度計	○○社製Rc測定用	台	1	200,000	200,000	0	0	購入	△△興産
	分光光度計	○○社製BK-S型	台	1	300,000	300,000	0	0	購入	△△興産
	顕微鏡	○○社製CS-K型	台	1	120,000	120,000	0	0	購入	△△興産
	治具	金型加工用	台	1	1,800,000	1,800,000	1,800,000	1,200,000	購入	○○重工
	小計					10,872,500	7,352,500	4,900,000		
外注加工費	曲げ加工	鋼材二次加工	式	1	900,000	900,000	900,000	600,000	○○工業	
	設計	曲げ加工機設計書	式	1	300,000	300,000	300,000	200,000	△△技研	
	小計					1,200,000	1,200,000	800,000		
直接人件費	設計員	氏名	時間	800	2,580	2,064,000	1,600,000	1,066,000		
	実験員	氏名	時間	1,500	1,860	2,790,000	2,790,000	1,860,000		
	小計					4,854,000	4,390,000	2,926,000		
技術指導費	○○加工技術	氏名	月	2	350,000	700,000	700,000	466,000		
	△△加工技術	氏名	月	3	280,000	840,000	840,000	0		
	小計					1,540,000	1,540,000	466,000		
	合計					19,833,500	15,849,500	10,000,000		

ある．機械装置の例では，□□社製 SL-300 型など，その機械装置の型式などを記載する．外注加工の場合の例は，鋼材の二次加工とか，○○加工機の設計書作成などと記載する．直接人件費や技術指導受入費のところは個人名を記入する．

④ 単位については，それぞれの物の算出単位を記入する．一般的に使用する単位について示すと表 3.11 のとおりである（わが国では，新計量法によって国際単位系 SI の使用が義務づけられた．これについては，3.2.4 項の計量単位の項を参照されたい）．

表 3.11 経費の一覧表で使用する単位

区　　分	使用する単位
原材料費	kg, m, 枚, 個, 本
機械装置・工具器具費	台, 基
外注加工費	式
直接人件費	時間
技術指導受入費	月, 時間

⑤ 数量については，単位に見合った数量を記入する．この数量については，「3.2.3 研究開発の内容」の (4) 項を参考にされたい．直接人件費の場合は時間数を記入する．

⑥ 単価はできるだけ正確なものでなければならない．また，第三者から見て妥当なものでなければならない．まずは，信用のおける商社あるいは製造メーカーなどから 2 社以上の相見積りを取り，品質的に同等であれば，どちらか安価な方の価格を参考とするのがよいであろう．価格の低いものについては，相見積りを必要としないとする補助制度もあるが，基本的には経費の透明性の確保ということからも労を惜しまない方がよいであろう．なお，直接人件費の場合には時間給額を記入する．

⑦ 補助事業に要する経費は，申請する研究開発を遂行するために必要な経費のことである．したがって，数量に単価を乗じた金額を記入するとよい．

⑧ 補助対象経費は，補助事業に要する経費のうち，補助対象となる経費を記入する．補助事業に要する経費と補助対象経費は必ずしも一致するとは限らない．例えば，表 3.10 においてパソコン，硬度計，分光光度計および顕微鏡については，補助対象経費が 0 円となっている．これは，この研究開発を行なううえで必要ではあるが，補助の対象とはせずに自費で購入する場合も

あるし，使途に汎用性がある場合（目的外使用の疑いが強いと考えられる場合）には補助の対象外とする場合があることによる（例：パソコンなど．これについては後述する）．

⑨ 補助金交付申請額は，補助対象経費のうちで補助金の交付を希望する金額である．それは，補助金の種類によるのであり，補助率が1/2以内の場合であれば補助対象経費に1/2を乗じた金額以下となる．同様にして，補助率が2/3以内の場合であれば2/3を乗じた金額以下となる．

⑩ 備考欄には，区分欄に記入してある種別ごとに，購入，建造もしくは試作，改良，据付け，借用または修繕などの別をまず頭部分に記入する．また，購入物件についてはその購入先を備考欄に記載する必要がある．

以上により，経費の一覧表はほぼ完成する．

さらに，二，三重要なことを説明する．補助金は，消費税や仕入控除税額についてはまず支払われない（中小企業総合事業団の委託事業では支払われるものがある）．したがって，補助金交付申請額は，補助対象経費から消費税や仕入控除税額を差し引いた金額に補助率を乗じた金額以下で記載しなければならない．

それから，万事正確であることが好ましいのであるが，数字の1桁台まで正確に記すと計算が煩雑になることもあるので，1,000円未満は切り捨てる場合がよくある．これについては，募集案内の指示に忠実に従うことが必要である．

ところで，⑧のところでパソコンやプリンタなどをその研究開発で使用するとして，その使途が汎用性が高いと判断される場合には，補助金の目的外の使用を避けるために補助対象外とされる場合があると説明したが，パソコンなどが機械装置の中に必要不可欠のものとして組み込まれている場合には認められる場合もある．これらについては，最初の段階で補助金交付元の担当者とよく事前に相談しておくのがよいであろう．上述の説明において，直接人件費の種別欄には，研究員や設計員などを記載すると説明したが，経済省の創造技術開発費補助金の場合には，種別欄に具体的な氏名を，そして仕様欄に研究員や設計員などの区分を書くようになっているものもあるので要

注意である．

3.5.3 資金の調達計画

補助金による研究開発を実施する場合，補助率が 100 % というものはまずないといっても過言ではないであろう．100 % でない限り，開発資金の不足分を調達しなければならない．一般的な書式を示すと表 3.12 のとおりである．

表 3.12　資金調達内訳の例

区　分	金　額（円）	資金の調達先
自己資金	4,833,500	
借入金	5,000,000	○○銀行 ◇◇支店
補助金	10,000,000	□□経済産業局
その他		
研究開発費の総額	19,833,500	

【備考】研究開発費の総額は，表 3.10 の補助事業に要する経費の合計と同じである．また，補助金の行の資金の調達先には，その補助金の交付元（○○県，あるいは◇◇市ほか）を記入する．

補助金の金額は，経費区分の内訳表（資金支出内訳記載例：表 3.10）の補助金交付申請額と同じ金額である．資金の調達先には，その補助金の予定交付先名を記入する．自己資金は，文字どおり自己の資金である．借入金の調達先は色々ある．例えば，政府系金融機関からの借入，中小企業設備近代化資金貸付，中小企業設備貸与制度，中小企業総合事業団からの借入，民間金融機関からの借入，中小企業投資育成株式会社の投資，ベンチャー財団・公的投資事業組合の投資，民間ベンチャーキャピタルからの投資およびリース・割賦ローンなどがある．これらについては，申請書を提出するまでに具体的に決めておく必要がある．補助金の交付が決定してから，あわてふためいてどうするかについて考えるのでは具合が悪い．時折，このようなケースがあると聞く．申請書を提出すると決めたからには，決していいかげんに考えてはならない．資金計画，ほかについては，各県にある中小企業団体中央会や，その他の支援機関などに遠慮なく相談をすればよい．

研究開発費の総額は，表 3.10 に示した補助事業に要する経費の合計額と同額でなければならない．

3.6 受理されるまで

補助金の交付を申請するという行為は，それが正式に受理されてはじめて審査という土俵に上がることができるのである．受理されるということを決していい加減に考えてはならない．

補助制度の募集案内書には，必ず申込締切平成〇〇年〇月〇日とか，申請書受付期間平成〇〇年〇月〇日～〇月〇〇日とかの表現で記載してある．同時に，応募の受付および問合せ先も記載してある．受付および問合せ先の電話や FAX も記載されているのが普通である．

最低限守るべきことは，この期日に間に合うように提出するということである．著者の場合は，受付先が所属企業の近隣にあったということもあるが，必ず申請書を受付の担当者のところまで持参し，担当者と直接面談して手渡してから，口頭で受理しましたとの言質を得ていた．直接持参することを特に勧めるわけではないが，この場合には，担当者が眼前で必要書類が完備しているか，あるいは記述上の間違いがないかについてチェックしてくれるというメリットがある．至急に修正ということになる場合もある．それが締切日直前であればあわてふためくという事態になる．基本的には，いったん提出した交付申請書の一部の差替えなどは認められない．申請書の内容については，念には念を入れてチェックし，自信が持てるような状態のものを提出するべきである．そのためにも，できるだけ多くの関係者が目を通す方がよい．

申請書は，恐らく一般的には郵送になるであろう．これでも結構であるが，はじめて補助金の交付申請書を作成して提出する場合には，作成された申請書の内容にたいてい何がしかの間違いがあるのが普通である．これは，著者の実体験からいっても恥ずかしながら事実である．仮にも補助金交付元の担当者は，申請する補助金交付申請書の書式やチェックポイントについてよく習熟している．可能であれば，いきなり郵送してそのままにしておくと

いうようなことはしない方がよい．何らかの思込みによる間違いはあるものであるから，最終の締切日よりも余裕をもって，少なくとも1週間以上前にアポイントをとってから担当者を訪ね，申請書の内容について説明して，受理してもらうようにすることが好ましいであろう（しかし，これは必要条件ではないので念のための話である）．

交付申請書の書き方に問題がなければ，正式に受理してもらえばよいし，不備な点を指摘されたならば修正して提出すればよい（著者の意見としては，補助金を活用して研究開発を行なおうと思い立ったときに，アイデアをざっと取りまとめて交付元の担当者の意見を聞くことを勧めるものである）．担当の方がまずチェックするのは，提出を要求されている申請書と添付資料とそれらの必要部数および申請書の書式が遵守されているかなどであろう．通常，申請書に添付するべき資料としては，申請者の経営状況表（過去2～3期さかのぼった貸借対照表，損益計算書），株主等一覧表，会社案内パンフレットなどである．場合によっては，中小企業者である旨の説明書なども要求される．申請書は，一般には正・副の2部が必要である．しかも一度提出して受理されたならば，これらの申請書類は返却されないのが普通である．これらの書類の部数をよく間違えることがあるので注意しなければならない．

それから，申請内容の事前相談や申請書を持参した場合，担当者から申請書の研究開発内容についての説明を要望されるであろう．担当者は，本人がその部署にいる限り，交付が決定した申請書に基づく研究開発について，中間報告書，中間チェック，完了報告書，完了検査，場合により会計検査に至るまでの，いわゆる面倒をみるわけであるので，決して無関心ではいられないはずである．担当者は，この面では習熟しているので，ポイントをついた質問をする．内容がよくわからない場合には色々と指摘をするであろう．それから，研究開発期間（〇年計画事業の中の本年単年度か，あるいは純粋な本年度の単年度のみの事業かなど）のチェックもある．

最も間違いが多いのは経費の一覧表である．単なる計数ミスを指摘される場合もあるが，多くは区分の対象経費として適当ではないものの指摘や，金額の計上の不適当な仕方などであることが多い．指摘を受けた場合，締切日

までに余裕があれば，早速に修正して再提出をしなければならない．こういうことができるのも，早めに受付窓口の担当者と直接面接して申請の内容について説明し，一応のチェックを受けることによる効用である（もちろん，最初から完璧な申請書を出すに越したことはないのであるが）．

　郵送の場合には，締切日の前日くらいに受理されたかどうかの確認の電話を入れるのがよい．場合により未着ということがあるかも知れない（中小企業総合事業団の課題対応技術革新促進事業を含む幾つかの事業の場合には，提案書や申請書の受付通知用はがきを提出するようになっている．これに受け付けた旨が記載され提出者に返送される）．

　さて，直接持参する場合のメリットとして，指摘された不具合がごく軽微な場合で，締切日に余裕がある場合には，一応申請書は仮受理されたということにして不具合の頁のみを後から差し替えるということがままある．これは窓口担当者の裁量にもよるところが多い．ヒアリング出席時が，担当者との最初の面会というのはいかがなものであろうか．担当者とは，いい意味で平生から親しくしておくことも必要であろうと思う．

　ひるがえって，著者の独断と偏見でもって窓口担当者の立場にたって考えてみる．最近は，公務員はもちろんのこと準公務員に至るまで，人員削減がかなり進んでおり，補助制度の窓口を担当する人の数も非常に少ないのが現状である．実際に訪問してみればよくわかる．1～2名くらいで担当している．しかも，申請書の受理から審査委員の手配，ヒアリングの段取り，審査結果の評価会議の開催および交付の決定など，小人数で切り盛りしているのであるから実に大変な仕事である．このような役割は当然であるとしても，担当者である限り，審査委員に各中小企業者からの申請書を配布する前に，それらの申請書の内容のポイントに関しては知っておくことが望ましいであろう．担当者から上司への説明も必要であろう．ただ，送付されてきた補助金申請書に目を通すだけでは，なかなかその内容を的確に把握することは難しいであろう．その意味からも，申請者と担当者が事前に意見の交換をすることは誠に有意義であろうと思う．5章においても述べるが，窓口担当者とは申請書による研究開発内容の腹案ができた段階からコンタクトしておくこ

表3.13 提出書類チェックシートの例

```
補助事業名：
中小企業名：
研究開発テーマ：

提出書類：
    ①  □  申請書                       正1部，副1部
    ②  □  経営状況表                   1部
    ③  □  株主一覧表                   1部
    ④  □  企業パンフレット             7部
    ＊提出漏れがないように，□にチェックして申請手続きを行なうこと
【備考】部数については，仮定の数字である．
```

とを再度勧めておきたい．開発内容の妥当性の有無についてもコメントしてもらえる場合がある．

　ここで，参考までに申請時に提出する書類のチェックシートの作成について述べる．その一例を表3.13に示す．通常の場合，このチェックシートの提出は必要ないが，念には念を入れるという意味からぜひ作成し，チェックされることを勧めておきたい．

4. ヒアリングとその対策

　補助金交付申請書が正式に受理されてしばらく経過すると，補助金による事業計画のヒアリング実施に関する案内状が送付されてくる．その内容は，日時，場所，ヒアリングの実施要領，ヒアリングスケジュール，応募者控室の案内，および補足説明用に当日配布する資料があればその必要部数，その他についてである．これらについて詳細は以下のとおりである．

4.1 日時について

　補助金申請書が受理されると，関係当局によって審査委員の選定が行なわれる（審査委員に誰がなるかについては公表されない）．申請書類は，事前に審査委員に配布される（ただし，一般には申請した企業の定款や決算書は配布されないところが多い）．これらの複数の審査委員の日程の都合を調整して，ヒアリングの実施日時が決定される．したがって，この日時は絶対的なものであると考えてよい．補助金交付申請者側の都合により日時が変更されることはまずない．

　申請者は万難を廃してもこれに出席しなければならない．このヒアリングに出席して，ヒアリングという第二の関門（第一の関門は受理されるということ）をクリアーしなければ，補助金の交付を受けるチャンスはなくなってしまうのである．したがって，ヒアリングの日時を間違えるようなことは絶対あってはならない．指定されたヒアリング開始時刻までに余裕をもって会場に到着しておく必要がある．そうして，念のために指定されたヒアリングの会場に行って確認しておくくらいの心構えがほしい．開始時刻の10分くらい前には，指定された控室に着席していることも必要である．時には，ヒアリングが行なわれる部屋と控室の階が違う場合もあるので要注意である．ヒアリングが行なわれる時刻の5分くらい前には，ヒアリング会場の前で待

機しておくのが望ましい．

4.2 場所について

ヒアリングの場所の確認も大事である．ほとんどの場合，場所の地図とヒアリングが行なわれる建物の配置図が添付されているのが普通である．はじめて会場を訪問する場合，途中での不測の事態の発生もあり得るので時間的に余裕を持って出かけることが必要である．ヒアリングの場所が地場ではない場合，思い違いということもあり得るので，電話で場所の確認をしておくくらいの用意が必要である．

4.3 ヒアリングの実際

著者の経験によれば，審査委員の数は3人から多い場合には10数人であった．審査会場のレイアウトの例を幾つか示すと図4.1のとおりである．この図の(a)は，申請企業側の説明者の正面に審査委員が座っている場合である．審査委員が小人数のときには，このようなレイアウトの場合が多い．なお，企業側からの出席者の数は1～3人程度である．図(b)の例は，審査委員の数が5～6人の場合である．企業側の説明者が，中央の席で申請書の内容について説明する．企業側の陪席者は側に座っておけばよい．図(c)の例は，審査委員の数が10人を越える場合である．著者の経験によれば，図のように正面中央で説明した後，移動して座席に坐った．

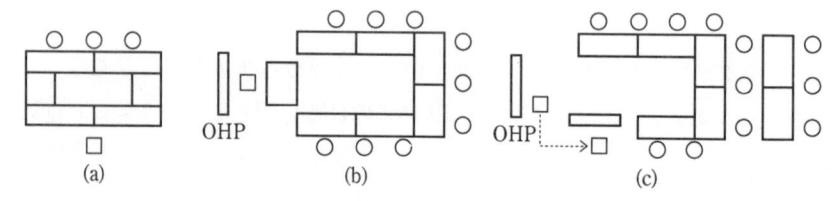

図4.1 ヒアリング会場のレイアウト例（□：申請企業側説明者席，○：審査委員席）

さてヒアリング当日に，補足説明のために資料を審査委員に配布したい場合，その必要部数については，案内書に明示されている場合とそうでない場合とがある．必要部数が不明な場合には，事前に事務局によく確認しておく

ことが肝要である．間違っても配布資料の部数が不足して，審査委員全員にわたらないようなことがあってはならない．もしも不足する場合には，むしろ配布しない方がよいであろう．参考までに述べておくが，ヒアリング当日の提出資料として会社案内パンフレットを要求される場合がある（通常は，申請書の添付資料として提出する）．中小企業者の中には会社案内パンフレットを制作していないところもある．このような場合には，会社案内パンフレットを編集してカラーコピーで作成すればよい．

ヒアリング当日の出席者の役割分担については事前によく検討して遺漏のないようにしておくことが必要である．申請者側の出席者の人数は，常識的に考えて前述のように1～3人であろう．総括担当者（役員，本部長，部長，課長などのいずれか），技術説明者および経理担当者などであろう．ヒアリングは，申請者側からの今から研究しようとする開発内容に関する説明と，それに対する審査委員側からの質疑からなる．その所要時間は短い場合で15分，長い場合で30分くらいである．時間の内訳は多少の相違はあるが，申請した事業計画のポイント部分の説明が約35～45％の割合であり，質疑応答は55～65％くらいである．

事業内容の説明は，提出した申請書をベースにして行なう．この場合，申請書の内容のポイントをOHP，ビラまたはプレゼンテーションソフトウェア（例えば，Microsoft PowerPoint）を用いての説明などがある．プレゼンテーションのための準備の時間をできるだけ短縮するためには，OHPを使用して行なうか，何も用いず行なうか（もちろん，配布資料があれば使用する）のどちらかであろう．

説明のポイントは以下に述べるとおりであるが，何といっても説明時間が少ないので枝葉末節は省き，どうしても必要な事項についてのみ述べるようにする．事前に，各企業内において発表の練習をすることを勧める．時間を守れないということは最低である．ポイントは沢山あるので要領よく説明することが必要である．よくあることであるが，貴重な時間を割いてまで所属企業の紹介なり，PRなりを行なうことは全く不要であると思われる．企業の内容については，既に提出した申請書にその概要が記載されているからで

ある．

　著者の経験では，実物による説明が極めて効果的であったと思う．それが無理であれば，原理模型などでもよい．百聞は一見にしかずではなく，一見は百聞にしかずがヒアリングであるというのが著者の考えである．これは，審査委員の理解を得るのに大いに役立つであろう．以下に，申請内容を説明する際のポイントについて述べよう．

　▽ ポイントの1は，補助金を活用して行なおうとする技術開発が，他に既に存在している技術ではないのかどうかということである．開発する技術に新規性や独創性があることを説明しなければならない（3.2.3項を参照のこと）．

　▽ ポイントの2は，申請書に記載されている研究開発事業がまだ未着手のものであるのかどうかということである．申請した事業の大半が既に終了してしまっている場合などは論外である．

　▽ ポイントの3は，申請されている技術開発に類似のものが，国内や海外に存在しないということに関する説明である．少なくとも，通常の努力の範囲において上記のことが把握されていることが必要である．

　▽ ポイントの4は，申請した研究開発について，今までに自社内でどのような基礎となる研究を実施してきて，それによりどのような実績が得られているのかに関する説明である．補助金を交付する側の論理としては，申請された研究開発事業について，今まで全く何も行なわれていなくて，補助事業により，いきなり本番の開発を行なうというのであれば，掲げられている目標の達成に対して不安を抱くのは否めないであろう．仮にも，何がしかの資金調達をしてまで補助金の交付を受けて，研究開発を行なうというのであれば，その開発事業が，その企業の将来の柱の一つであるくらいの位置づけにあるのではないかと考えられる．それにもかかわらず，過去において何も行なわれていないというのであれば，鼎（かなえ）の軽重を問われても仕方がないのではあるまいか．少なくとも，そのようなものであれば，十分な設備，金型，冶具・工具などが揃っていなくても，何がしかの創意工夫を活かした試行錯誤のプロセスがあってしかるべきであろう．それだけの熱意と執着心でもって

行なわれる事業であるのかということである．そうして，今までの試行錯誤の末に，その成果を活かして，新規性や独創性があり，他に類似技術のない開発要素を有する研究開発にまで昇華，収斂させているのかが問われるのである．

　しかし，研究開発のすべてが自社技術によるということはあり得ない．基礎研究や基礎技術を他から導入するということも，当然起こり得る．これに関しても，補助事業は門戸を閉ざしてはいない．その場合，その技術がきちんとしたもので成果が上がっているものかどうか，既に導入済みであるのか，それは相手の同意が得られているものであるのかなどが問題となる．いうまでもないことであるが，交付申請者が研究開発の全部または大部分を他に委託する丸投げなどは論外である．

　▽　ポイントの5は，補助金が交付された場合，その会社は自社の力で申請した研究開発を実施できるような技術力を有している企業であるのかどうかということである．

　従事させる研究者（極めて小人数の中小企業者では，役員が担当することもあり得るであろう）や設備などが実施に差し支えないように整っているのかどうかが問題である．

　このほか，外部からの協力者や指導者の有無が問題である．有りの場合，何を依頼するかが明確になっているか，さらに，産官（公設試など）学の連携は十分機能する状態であるかも参考とされる．産官学の連携により，より効率的効果的な研究開発を行なうことは，制度の目的や主旨に沿うという点で誠に好ましいといえる．

　▽　ポイントの6は，補助事業を活用しての研究開発を行なううえで，解決するべき技術的な課題が明確になっているのかどうかということである．さらに，それは開発の目標をクリアーするために必要なものであるのかどうかもポイントである．また，研究開発のスケジュールは期間内（年度内）に完了するように，その研究の方法や研究体制が計画されているか，また購入品の納期は，研究開発が年度内に終了するに十分なように設定されているのかも問題となる．年度末ぎりぎりの納期では不可である．

実際問題として，補助金の交付が決定してから年度末までの期間は短くタイトであるといわざるを得ない．しかし，その中で研究開発スケジュール上で多少の齟齬をきたしても，リカバリーの余裕があるような研究方法や体制を組むことが腕の見せどころであるともいえる．

▽ ポイントの7は，市場調査と製品化の可能性についてである．研究開発対象市場の量的な把握と金額的な把握，その中で，いつ頃から，どのくらいのシェアの獲得を目指すのかなどがある程度明確になっていることが望ましい．市場としては，世界規模の場合，日本国内の場合，あるいは特定な領域の場合があるであろう．地域的な要素が濃い補助制度の場合，成果のその地域への経済的・技術的な波及効果がどの程度期待されるかも評価される．同時に製品化への可能性の大小や工業所有権の取得に結びつくのかどうかについても評価される．

以上のようにポイントを七つ挙げたが，限られた質疑の時間であるから，これらの全部についての質疑はあり得ない．審査委員が特に問題と考えたところに関して質問されるので，あらかじめ何について聞かれても回答できるようにしておくことが必要である．いずれにしても，簡潔に，要領よく，上記のポイントについて説明できるようにしておくことが第一である．交付申請書により審査委員が納得すれば，当然質問もあまり出ないであろう．

以上のほかに，申請書が不備な場合には，申請企業の実態について尋ねられることがある．申請した企業が表1.2に示したような中小企業の要件を満たしているのかどうかのチェックである．業種，資本金，従業員数などのほか，大企業の持株比率や大企業による実質的な経営傘下にあるのかどうかが問われる．これについては，1章に説明しておいたので参考にされたい．

次は，補助事業の交付を受けるに相応しい要件を満たしているのかどうかということである．すなわち，過去に同じテーマで補助金の交付を受けた実績はないか，今から行なおうとする研究開発内容が，既に他において完成されたものと同一のものではないのかなどである．そして，過去に別のテーマで補助金の交付を受けている場合，十分と認められるような成果や実績を上げているのか，また申請した年度に，同じテーマで同年度の別の補助金の交

付決定を受けていないのかなどである．

　さらに基本的な事項として，国の補助事業制度の主旨に沿っているかどうかについて問われる．すなわち，その申請企業が基盤的産業技術を有しており，しかも産業技術の高度化に役立つものであるかということである．規約に反することがヒアリングの段階であってはならないのはもちろんのこと，開発事業の再委託，いわゆる丸投げがあってはならないことは前述したとおりである．

4.4　ヒアリングの結果

　ヒアリングが終了してしばらくすると，関係機関から交付決定の有無に関する通達が代表者宛てに郵送されてくる．通常，地方の経済局や県・市の補助制度においては，ほとんど例外なくヒアリングが行なわれるが，交付決定に至らなかった場合の通達には，その理由が書かれていないのが普通である．申請者は不採択になった理由について色々と検討しなければならない．恐らくその理由については，ヒアリングの際の質問事項の中に隠されているはずである．

　一方，ヒアリングが行なわれない場合もある．例えば，中小企業総合事業団の課題対応技術革新促進事業の場合は，原則的にヒアリングが行なわれないが（どうしても必要な場合には例外的に行なわれる），外部有識者による書面審査および審査委員会を実施した結果として，具体的な不採択の理由を書いた書面が送付されてくる．これには特記事項も書いてあり，次回以降の応募の参考とすることができる．

5. 申請書を作成するうえでの留意事項

　著者自身は決して多いとは思っていないのであるが，過去数年間に20件弱の補助金や委託金の交付を受けた経験と，10数年前に大企業から中小企業へ転進して感じた実体験を基にして，申請書を作成するうえでの留意事項の幾つかについて率直に述べ，読者諸兄のご参考に供したいと思う．

　著者は，30有余年M自動車会社に勤務していたが，晩年，縁あって金属加工の中小企業2社で10年余り勤務するというまたとない経験を得ることができた．率直にいえば，大企業に永年勤務していた著者にとって，年間売上高約100億円前後の中小企業の実態はとまどいの連続であった．その間，取引先を含む多くの零細中小企業との付合いを通じて，著者が抽出した中小企業の特徴ともいえることを独断と偏見をもって述べれば次のとおりである．

(1) 例外もあるが，一般的にいって書くことが苦手な人が多い．口頭で話すことは達者である．
(2) 儲かる，儲からないかの直感的な判断力はすごいものがある．
(3) 一般的に研究開発に弱いところが多い．

　ここでは，建前論に加えて著者の経験を基にした本音論についても述べるつもりである．

5.1 申請のきっかけ

　日頃から，研究開発が日常茶飯事となっている研究開発型企業は別として，新たに補助金を活用した研究開発への挑戦を志している中小企業者にとっては，そのきっかけをどこに求めるかが大きな問題であろう．

　著者自身，現在振り返ってみて，数年前の状況は補助金の交付を受けることはよその世界の話と考えていた．補助金の獲得に必死で挑戦を始めたの

は，補助金を貰って研究せよという社長の一言であった．それからは，一から勉強して申請書を書き，何度も落選し，最初に補助金の交付決定の通知を受けたときの喜びは何にも代えがたいものであった．あるいは動機不純といわれるかも知れないが，元気印の中小企業者は兎に角挑戦してみることである．そこから別の次元の世界が見えてくる．要は，きっかけは何でもよいと思う．

5.2 平生からの心がけ

　研究開発組織を含むインフラが完備している中小企業者においては，特に問題とすることではないであろうが，兎に角，元気印で今から本腰を入れて補助金による研究開発に挑戦しようとする中小企業者においては，平生から力を入れてやっておくべきことがある．それは，補助金の交付を申請しようとする開発テーマに関する研究開発の前段階としての研究調査である．

　交付申請書には，今までに行なった研究開発の内容と，その結果に加えて，今後行なう研究開発の内容などについても記載するようになっている．特に前者が問題である．補助金を活用して研究開発を行なおうとする限り，補助金に加えて自己資金や自己調達資金を投入しなければならない．これは，大多数の中小企業者にとっては，下手をすると経営を左右することになるかも知れないような重要な事業であるに違いない．そのようなものであればあるだけ，万難を排して，たとえ不十分な施設や試験装置しかない状況であっても，何がしかの実験なり，試験なりを行なって開発に挑戦してみるのが普通であろう．その結果として，補助金により研究開発を行なおうとしている開発テーマについて，それが実現されるためには何が問題であるか，どこを押さえればよいかなどのポイントについて把握することができるのである．

　相応しい補助金の交付先について審査する審査委員や関係機関にとっても，申請されている研究開発テーマが，今からはじめて挑戦されるようなものである場合には，成果の実現性に対して何らかの危惧の念を抱くのではあるまいか．補助金による研究開発に限らず，選ぶ方も選ばれる方も共にその結果に対しての責任を負わなければならないのである．特に，交付申請者側

の責任は大である．仮に，何らかの虚偽の申請を行なって審査側を欺くというようなことがあるとすれば，まさに犯罪に近い行為であるといわざるを得ないであろう．

要は，レベルの高い低いは別として，100％の補助ではない，いい換えれば一部の身銭を切らなければならない極めて厳しい研究開発をやろうとするのであるから，交付申請者も平生からそれなりの努力を惜しんではならないということである．

その年度に実施される色々な補助制度やその募集期間などについては，色々なメディアを通じてオープンにされているので，日本国内に居る限り知り得なかったなどの理由は通らないであろう．元気のある中小企業者は精一杯の努力をするべきである．たとえ 1，2 回交付の対象から漏れたにしても，挑戦の意欲を失わない限り，いつかは報われるというのが著者の偽らざる心境である．

5.3 不採択の場合でも得られるメリット

補助金の交付を受けて研究開発を実施しようとする中小企業者に対して，誠に不謹慎のそしりは免れないとは思うが，たとえ不採択になった場合においてもメリットがあるというのが著者の偽らざる思いである．その考えに至った根拠について幾らか説明する．

その一は，申請書を苦心惨憺して書くことによるメリットである．申請書をそのフォーマットに従って書くことは，今までそのような経験のない人にとってはまさに地獄の特訓にも匹敵するものがあるであろう．

色々な補助制度の交付申請書があるが，その内容はほぼ同じである．換言すれば，一応，正しい研究開発のやり方というか，手順（プロセス）にのっとって申請書ができているということであろう．著者が思うに，恐らく大多数の中小企業者においては，基礎的な研究開発の手法について勉強したことは余りないのではあるまいか．また，その企業の独自のノウハウの構築に注力するあまり，外部への目配りが不十分であったというそしりを免れ得ないところもあるであろう．しかし，研究開発のルールにのっとって開発を行なっ

5.3 不採択の場合でも得られるメリット

ても，必ずしも商業的に成功するとは限らないのがまた研究開発の現実の姿でもある．

著者の考えでは，兎にも角にも交付申請書をそのフォーマットに従って書き上げることができたならば，それは大変慶賀するべきことである．このフォーマットに従って書くということは最初の難関であるといえる．これを一度クリアーしさえすれば，次回からは大変楽になるであろう．

このように苦心惨憺して書き上げた交付申請書であっても，必ずしもパス（交付決定）するとはいえない．しかし，それであってもメリットがあるというのが著者の考えである．そのメリットとは以下の事柄である．

(1) メリット1：申請書を書くことによって，正しい研究開発のやり方やプロセスを勉強することができる．

(2) メリット2：申請書が受理されたならば，必ずヒアリングが実施される．

これは，審査の透明性と公平性を期すためと考えられるが，従来からこのようなヒアリングを受けたという経験が全くないような中小企業者にとっては，晴天の霹靂とでもいえるようなことであろう．しかしよく考えてみると，常日頃から自社の製品や技術の売込みのために同じようなことを行なっているはずである．ただし，プレゼンテーションスキルの上手・下手はあるであろう．

この交付申請書を提出した後に実施されるヒアリングは，与えられる持ち時間が極めて短いものである．これは，応募する企業数の関係からやむを得ないところがある．短時間の間に，提案された研究開発内容にはじめて接するような審査委員によくわかるように説明するのは至難の技のようにも思われるが，これはそうでもなく，関係者が知恵を絞って総力を結集して当たればクリアーできる問題である．著者の経験からいえば，小回りがきくという中小企業者の特徴を活かすことを勧めたい．

最も手っ取り早いのは，実物のモデルをもって説明することである．実物が大きいものであれば，縮小したものをつくればよい．原理模型でもよい．それによって，原理や従来品が抱えている問題点，この研究開発によって解決しようとしている課題，および新規性はどこにあるのかなどについて説明

するとよい．これに加えて，図・表を添付資料として配布するとか，OHPによる説明を加えるとか，色々な工夫をするとよい．

このヒアリングの機会は，プレゼンテーションスキルを磨くにまたとないチャンスである．しかも，このスキルは即企業の営業活動に反映できるのである．このところの事情を図示すれば，図5.1のようになる．この詳細については後述する．

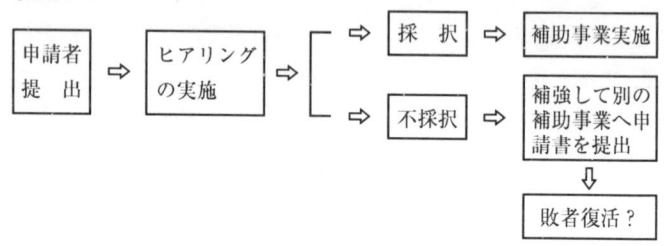

```
申請者      ヒアリング      ⇒ 採択  ⇒ 補助事業実施
提 出  ⇒   の実施     ⇒
                          ⇒ 不採択 ⇒ 補強して別の
                                     補助事業へ申
                                     請書を提出
                                        ⇓
                                     敗者復活？
```

図5.1　申請書提出後の流れ

(3) メリット3：新規性に関する知識が得られる．

補助金による研究開発を目指す限り，新規性を問われるのはやむを得ないところである．そのためには，それなりの理論武装をする必要がある．新規性がある証拠として，第三者からの工業所有権の有無の調査は極めて重要である．これについては，（財）発明協会や経済局の特許室などにおいて，パソコンにより検索することが可能であるし，どの範囲について調査すればよいかなどの相談については，（財）発明協会が設けている無料相談日などを利用するとよいであろう．また全部ではないが，経済局の特許室には特許アドバイザーも常駐している．さらに，県レベルでもワンストップサービスが設けられているし，特に最近は，県・市などに中小企業に対する各種の支援センターが設けられている．

これらについては，大いに活用されることを勧めるものである．中小企業に対する支援のインフラ整備は往年とは異なり，格段に充実されつつある．そのためにも，一念発起して補助事業の交付を受けたいと思うのであれば，行動計画を早く立ち上げなければならないという意味も理解できるであろう．

以上は，新規性について述べたのであるが，もう一つ重要なものとして市場調査がある．研究開発の成果として，市場での成功の可能性を検討あるいは検証しなければならない．これも中小企業にとっては苦手の分野であろう．経験と勘で行なっていたところをいかに定量的に把握するかということである．しかし，研究開発で生きようとする限り避けては通れないことでもある．これについても，上記の県・市の支援センターなどへ相談されることを勧めるものである．もちろん，自助努力によりマーケッティング調査を行なうことも必要である．なお，上記の各種の支援はほとんどの場合無料である．

(4) メリット4：たとえ不採択の場合でも敗者復活のケースがある．

補助制度の募集案内を読むとわかるはずであるが，応募の締切日はまちまちである．全部が同じ締切日であるということはない．したがって，同じテーマでの二つの補助制度への交付申請書の提出も考えられる（もちろん，申請書のフォーマットは異なる）．この場合，どちらかが先に交付が決まれば，もう一つの方は辞退しなければならない．このようなことを行なえば，一つが不採択という結果であっても，もう一つの方が採択されるということもあり得る．

また，全く別の研究開発テーマのものを2箇所に申請することもあってもよい．ただし，補助制度の資金の出所が同じ場合（資金の出所は国の場合でも，経済局と県からそれぞれ募集される場合がある）には具合が悪いことがある．仮にそうではなくて，2件が交付決定となった場合には，開発の人的な面が十分であるかどうかという問題が出てくる．

5.4 申請書を書くということ

文章を書くのが飯よりも好きであるという人は例外としても，一般的にいって文章書きが得意という人は少ないであろう．ましてや，書くべき内容が指示されている補助金の交付申請書は特にその感が強いであろう．どのようにして交付申請書を書けばよいのであろうか．

著者の実感としては，特に身構える必要は全くないということである．学

術論文を書くわけではない．とはいっても，最低限守るべき事柄はある．それらについて幾つか述べてみる．

　審査委員側からみて，申請書に何が書いてあるのか，何をいわんとしているのかについて，書き手の立場になったつもりで一生懸命に理解しようとしても，さっぱりわからない文章ほどうんざりするものはないのではなかろうか．読者諸兄の中にもこのような経験をお持ちの方がおられるであろう．申請書を書くに当たって美辞麗句は必要ないが，水が高きから低きに流れるように，抵抗なくすらすらと読めて，何が書いてあるのかが素直に理解できるようにすべきである．そのためには，少なくとも誤字や脱字はないようにし，てにおはの使い方は間違わないようにしなければならない．それから，わずかA4版の用紙10枚前後の交付申請書の中で，術語や用語が統一されていない場合には混乱を招くので，特に留意して統一するべきである．特に専門的なものであれば，補足説明を加えておくくらいの配慮がほしい．

　文章はだらだらと長く書くよりも，可能な限り短い文章がよいであろう．かの有名な文豪サマセット・モームの小説は，文章が非常に短く，複雑でないものであった．一つの文章を構成する単語の数が非常に少なかったのである．それで，なおかつ読みやすいものであった．そこまでは到底無理であろうが，その試みは大切である．

　次に，説明はできるだけ具体的に，定量的な表現で書くべきである．これについては，既に先の章で述べてあるので割愛する．

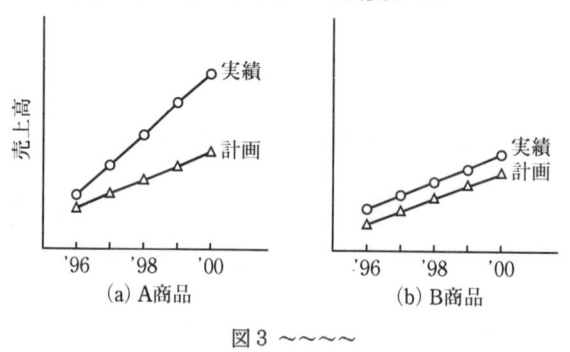

図3 〜〜〜〜

図5.2　図の説明文の書き方

それから，先に申請書は学術論文ではないと説明したが，申請書の中に含まれる図・表については，学術論文のやり方を踏襲するのがよいと思う．図5.2は，図の説明文を書く位置と縦軸の説明の書き方を示したものである．縦軸の説明は，下から上に向かって売上高というように書く．横軸は水平に左から右へと書く．また，図の説明書きは図3〜〜〜のように図の下に書く．これには，ちゃんとした理由がある．図を読む人の目は図の下側の上部にあり，一目見ただけで読み手は図の内容が理解できるといわれている．

表5.1 表の説明文の書き方

表○○　　○○○○○○

項目	品質	コスト
営業情報	Q_1	C_1
研究開発	Q_2	C_2
企画	Q_3	C_3
技術設計	Q_4	C_4
生産技術	Q_5	C_5
試作評価	Q_6	C_6
サービス	Q_7	C_7
外注購買	Q_8	C_8
製造組立	Q_9	C_9
試験検査	Q_{10}	C_{10}
顧客の要求	Q_0	C_0

次に，表5.1は表の書き方を示したものである．表の説明書きは表の上部に書く．この理由は，表は上側から下側に向けて目を動かして読むからである．最初に何に関する表であるかを理解したうえで，表の内容に目を通すことができる．これらの知恵は，過去100年以上にわたる学術研究活動の過程で収斂的に決められてきたものである．少なくとも，これについては学術論文のルールを尊重したいものである．

最後に述べるのは綴じ方についてである．これについて，案外と無関心な人が多いのに驚くことがある．例えば，申請書はほとんどの場合Ａ4版の用紙に記載するが，その綴じ方については，左上1箇所をホッチキスで閉じるのが普通である（図5.3）.

図5.3 交付申請書の綴じ方

ところが，Ａ4版の用紙を横に利用した場合の

5. 申請書を作成するうえでの留意事項

綴じ方はどうすればよいか．図 5.4 の左の図に示すように，左の方へめくって図が書いてある紙を右手前に回して，ちょうど読み手の正面に図がくる状態になるようにする．これが正しい綴じ方である．これは，図 5.3 のように A4 版の用紙を縦にして横書きしたものの中に用紙を横に使用して横書きの図や表が混じる場合も全く同様である．

　これをうっかりして，図 5.4 の右図のように綴じてしまうと，読む人は大変である．自分の懐の方にめくった紙がくるので，これは大変読みづらくなる．決して間違いがないようにしなければならない．例えば，経済省のエネルギー使用合理化新規産業創造技術開発費補助金交付申請書の書式案内には，「用紙の大きさは，日本工業規格に定める A 列 4 番とし，縦位置左とじとすること」，「表などを横位置に記入するときは，表などの右側を上にすること」とわざわざ注記してある．

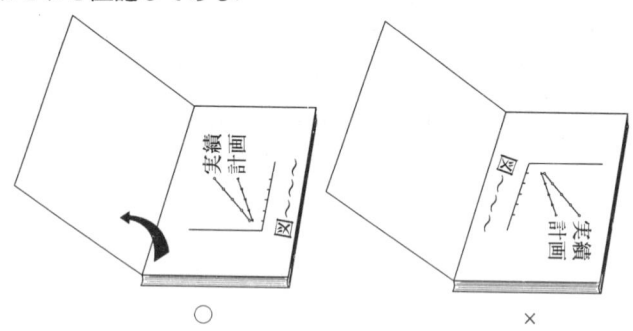

図 5.4　図・表の綴じ方

6. 補助事業の交付が決定した後の作業

3章と4章に述べた作業をやり遂げて，めでたく補助金の交付決定に至った後，どのようなことを，どのようなやり方で進めなければならないかについて説明する．

6.1 交付決定の通知

補助金を活用して研究開発を行なう目的で補助金交付申請書を提出し，ヒアリングという関門も無事にクリアーして，めでたく交付決定となった場合には，電話による内定の連絡を受けることもあるが，いずれ正式な交付決定の通知書が交付申請者の代表者宛に郵送されてくる．その際，その書類の表紙の右上に書かれている文書番号と交付決定日は，永久に交付決定された補助事業を代表するものであるから，必要なときには何時でもわかるようにしておくことが大切である．この文書番号や交付決定日は，その研究開発が終了して後，少なくとも5年間は使用される．さらに，この書類には研究開発に要する総費用と交付決定した補助金の金額も記載してある．

さて，その交付決定書を受けて申請書に記載したとおりの研究開発事業を実施するのであれば，請書に代表者氏名，代表印を押捺したものを交付元へ返送しなければならない．これにより，正式な契約関係が成立するものと考えられる．

6.2 購入計画の実施

補助事業の交付が決定したからには，直ちに研究開発事業を開始しなければならない．その中でも早急に手をつけなければならないのは，研究開発を実施するために必要な原材料，機械装置・工具器具などの準備である．購入するべきものは早急に発注を行ない，外注加工を依頼するべきものは早急に

発注依頼をしなければならない．さて，この購入計画のはじまりは，研究開発に必要な品目・仕様・数量の決定と見積作業である．これらについては，既に交付申請書をまとめる段階でほぼ正しく行なわれているはずである．前述したように交付決定日以前の経費の発生は補助対象としては認められず，交付決定日以降の経費の発生が認められるのであるから，早急に発注という作業に入らなければならないということである．

いうまでもないが，補助事業においては経理担当者を決める必要がある．ほとんどの交付申請書にその担当者の職名と氏名を記載するようになっている．したがって，この発注の段階から経理担当者との連係を蜜にしておくのがよい．

経理担当者は，経理に関しては，この補助金による研究開発事業に関するものと，その他のものとを明確に区分することが必要である．補助事業用の経理帳簿を別に準備するのがよい．補助事業によっては，これを厳密に義務づけているものもある．著者としては，ぜひとも作成することを勧めるものである．また，実際の支払い業務はライン業務の一環として行なわれるはずであるが，伝票や帳票類については，ライン業務のものと区別をしておくことが必要である．そのために，図6.1に示すような補助事業の場合は（補），委託事業の場合は（委）のゴム印を作成しておき，伝票や帳票類に捺印し，区別して保管しておくと非常に便利である．これについても，厳密に義務づけをされている補助制度がある．

いずれにしろ，補助金による研究開発事業が終了した場合には，図6.2に

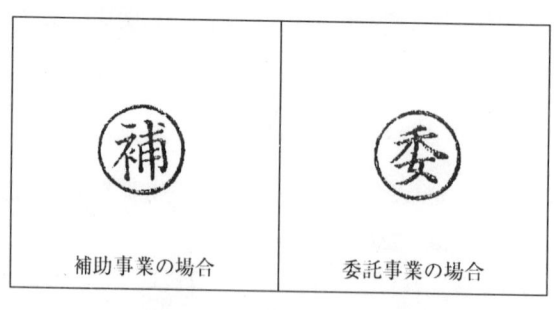

図6.1　経費区分に使用する印

6.2 購入計画の実施

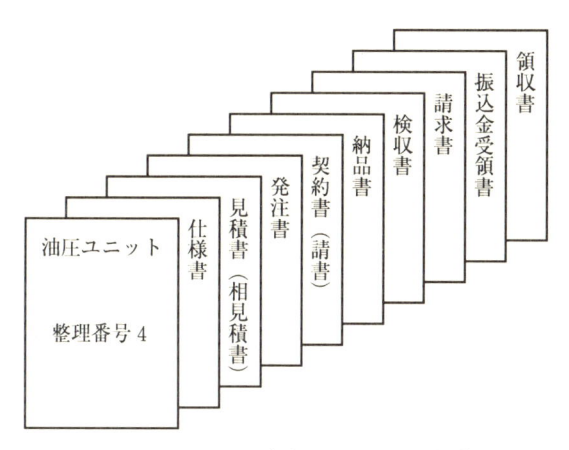

図6.2 関係証拠書類のファイルの仕方

示すように，1品目ごとにそれぞれ仕様書，見積書（相見積書），発注書，契約書（請書），納品書，検収書（物品検収調書），請求書，振込金受領書，および領収書を関係証拠書類としてファイルしておかなくてはならない．公金を経費として使用するのであるから，不正があってはならないのはもちろんであり，透明性をもって行なう必要がある．また公開の必要がある場合には，いつでも応じることができるようにしておかなければならない．

上記の説明の中で触れなかったが，見積りを行なう場合には，詳細な仕様書が必要である．大変面倒に思われるかも知れないが，仕様については厳密に検討しておく必要がある．研究開発を進めていく過程において，どうしても仕様の変更を行なうこともあり得る．その際に，仕様のどの部分をどのように変更したので，経費がどのように変わったのかが明確に説明できなければならない．しかし，仕様の変更や追加による経費の見直しは作業的にも大変面倒であり，できる限り行ないたくないものである．

見積書は，第三者的に妥当であると思われるところから取るのが望ましい．例えば，排ガスの成分分析装置に類するような専門メーカーが製作する特殊な装置などを購入する場合には，近隣にあるそのメーカーの製品の代理店か取扱店などから見積りを取るのがよいであろう．装置の購入者が，どうしても平生から取引きのある商社（業者）を通すのであれば，それなりの根

拠のある理由が必要であり，理由書を準備しておくのがよい．

　また，グループ企業への発注については，できるだけ避けるのが好ましいし，やむを得ないのであれば，第三者をそれなりに納得させる依拠が必要である．それなりの根拠があれば何も問題はないといえる．この場合においても，理由書を準備しておくことを勧めたい．

　補助制度によっては，相見積りを取る必要がある金額レベルが決められている場合がある．著者の考えでは，日常から購入している材料類であれば，金額的にも比較的安価であるので，通常の取引業者からの購入でもよいと思う．しかし，高価な材料や金属などで平生から使用していないようなものの場合には，相見積りを取るべきであろう．業者に依頼し，手間賃がゼロというわけにはいかないであろうが，必要最低限で，かつリーズナブルな金額に押さえた見積りを提出してもらわなければならない．もちろん，発注する企業側としても，金額をできるだけ低く押さえる努力をしなければならないのはいうまでもない．

　さて，見積りを取る際，特に補助事業による研究開発を行なう場合には，発注条件（特にその納期）を注目するべきである．往々にして，購入する物品の仕様の詰めに意外に手間取り，しかもその物品の納期が長いために，入手した時期が年度末ぎりぎりであったという笑えない失敗談がある．研究開発事業が，ただ物品を購入しただけというようなことがあってはならない．それでも，その補助事業が複数年度にわたる場合には善しという場合もあるであろう．しかし，単年度の補助事業の場合には問題である．このようなことは平生から注意しておかないとよく起こることである．それと，支払条件，納入場所，据付費用や運賃など，費用が発生しそうなことに関しては，可能な限り明確に把握して見積書に入れておくことが必要である．

　さて，相見積書を比較して発注先を決定したならば，発注書を作成しなければならない．いうまでもないが，購入仕様についても明確にしておかなければならない．発注後は，折に触れて納期の確認をすることも肝要である．それと，購入品の納入条件（搬入場所，据付作業の有無，納入試運転の有無，アフターサービスの範囲など）についても明確にしておかないと，トラブル

の種となることがある．

　本来であれば，受発注に際して購入契約書を両者間で締結するのが普通である．簡単に済まそうとする場合には，請書という形を取ることもある．いずれにしても，これは，発注を正式に受けたかどうかの証拠になるものであるから重要である．特に金額が高いものについては，後々で問題にならないように契約書の形でまとめておくことである．前述したが，特に金額が高いものは，納入場所への搬入，据付け，納入試運転，検収試験，そこで発生した不具合に対する処置，検収後の不具合発生の場合の費用の処置，消耗品の処置など，経費が発生する恐れがあるものについては可能な限り明確にしておくことである．また，検収時にいい加減なやり方で簡単に OK しないことである．契約書の中で，検収条件を明記しておくことも大切である．このあたりのことをうっかりしていると，補助金の使用が認められず，自社持ちの経費が増えることにもなりかねない．

　さて，物品が納入されると，納品に合わせて納品書が届けられる．発注仕様どおりであるのか否かを厳密にチェックしなければならない．員数や型式などの確認が大切である．特に金額が高いものについては，前述の納入試運転や検収条件テストの結果の確認が必要である．これらのチェックのために日時が必要な場合には，納品日と検収日が当然ずれることになる．

　以上の結果として，物品検収調書に署名捺印を行なうことになる．著者の経験では，軽微なものは納品書に検収したことを兼ねて署名捺印することでもよい場合もある．しかし，検収書（物品検収調書）によるのが本来の姿であろう．

　物品が納入され検収が完了すると，請求書が届けられる．場合により，納品時に納品書と請求書が同時に提出される．金額的にも低く，員数，その他が容易に，かつ短時間の内に確認できる場合にはこれでもよいであろう．そうではない場合には，検収の可否を十分に確認して経理部門へ支払いの依頼をするべきである．企業により，支払条件はそれぞれの決まりがある．締めの日，支払日，支払いが現金支払いか手形によるかなど色々あるが，いずれにしても，年度末（または研究開発終了日）までには支払いが完了している

こと，すなわち請求金額分が納入先の商社や業者に渡っていることが必要である．要は，支払いが完全に完了していないと，補助金の支払対象とはならないのである．

　支払いをしたという証拠も必要である．補助金の交付を受けた補助事業者は，取引銀行の口座を通じて支払いを行なうのが通常のやり方であるので，銀行から振込金受領書を受け取ることになる．これを示すことによって，はじめて支払ったという証拠になるのである．さらにいうならば，支払いを受けた先（業者や商社など）からの領収書（金額により収入印紙が必要）を受領しておくことが望ましい．補助制度によっては，領収書の添付を要求するものもある．

　購入計画の実施において，いつでも問題になるのはグループ会社への発注の場合である．例えば，金型の製作や装置の組立などを自社の子会社や関連企業へ発注する場合である．この必要がある場合には，あらかじめ補助金交付元の窓口担当者に相談して了解を得ておくのも一つの方法である．もっとも，経費の一覧表の備考欄には発注先の会社名を記載するようになっているので，それによりチェックされるかも知れない．たとえ別会社になっているとはいえ，何か経理上の問題があるのではないかと疑われないようにしておくことが必要である．

　最近，補助金の不正受給の件があちらこちらで報告されている．これは，補助金申請の段階で水増しの要求をしている場合もあれば，購入価格が安価であるにかかわらず，その価格に下駄をはかせて割高にしたものを必要経費としておき，補助金とその差額分を返還させるなどの手口である．このようなの場合，取引銀行への支払日前後の入金や支払記録一覧表を調べられると大体のことが判明する．また，手形による支払いの場合には，証拠物件として耳（手形を発行した際に発行元へ残る控え）を示すように要求されることがある．

　最期に留意するべき事項として経費の流用について触れておく．補助金の交付が決定した場合は，各費目ごとの補助金額が決まっている．その補助金額は，よほどのことがない限り，基本的には交付申請書に記載したものと同

じである．補助事業を遂行する過程で，これらの費目間の相互流用を図りたいという事態が生じた際にはどうすればよいのか．ほとんどの補助制度において，一応の基準が決められているが，このような場合には，交付申請者側で勝手に流用を行なわず，事前に補助金交付側に相談をすればよいと思う．中には，経済省の新規産業エネルギー使用合理化新規産業創造技術開発費補助金のように，補助条件の一つとして，その交付要綱に明確に定めているものもある．

参考までに示しておくと次のとおりである．補助事業者は，次の軽微な変更に該当する場合を除き，補助金の額の配分および補助事業の内容を変更する場合は，経済局長などの承認を受けなければならない．
(1) 低い方の費目の15％以内の補助金の費目流用使用
(2) 設備などの仕様，数量または価格の変更
(3) 技術開発職員および工員の変更

6.3 研究開発の実施

補助金の交付を受けて研究開発を行なうに当たっては，研究開発責任者を決めることになっている．この責任者については，交付申請書作成の段階で既に決定しているはずであるが，その役割は非常に大きいといえる．補助事業者には，守るべき数々の事項が義務づけられている．研究開発責任者と経理責任者は，この補助金交付条件の内容について詳しく理解しておくことが必要である．取り決められている内容は，補助制度によって多少表現は異なるが，主旨は同じである．その内容は次のとおりである．

補助事業による研究開発の計画を変更する場合（① 補助事業を中止または廃止する場合，② 補助事業の内容を変更しようとする場合，③ 経費の一覧表に記載してある補助対象費用の費目相互の間で経費の配分を変更しようとする場合，④ 研究開発が進んではいるが，年度内に完了しない場合や遂行が困難になった場合，⑤ 補助金の交付決定内容に対して不服で申請を取り下げる場合などを含む）には，事前に交付元に対して所定の書式の文書を提出してその承認を必要とするということである．

その他の事項として，補助事業の交付年度内半ばでの研究開発の遂行状況報告書や補助事業が完了した場合の実績報告書の提出が義務づけられている．それから，規約に違反した場合の交付決定の取消し条項もあるので要注意である．ただし，順調に事業の実施が進行している場合には何も心配することはない．

　補助事業は，その該当年度の事業が終了すれば，すべての義務から開放されるというものではなく，大体において，終了後5年間は種々のフォローをしなければならない．これについては，後で詳しく説明するが，以下個々についてざっと説明することにする．

　補助事業は，可能な限り，当初の計画どおりに推進できるのが理想であるが，途中で色々な問題が生ずることが考えられる．例えば，研究開発の主要な部分を担当する予定の人材が，何らかの理由により仕事に従事できなくなった場合もあれば，交付を受けた企業が突然経営不振に陥り，交付事業の推進が不可能となった場合などもあるであろう．このように補助事業の継続が難しくなるという場合には，交付元に対して遅滞なく申請書を提出することが必要である．まだ，交付決定を受けて早い内ならば，次点の企業への交付も考えられるであろうし，補助金を交付する側としては何らかの早急な処置を取るはずである．交付側としても，せっかく国から交付された補助金を有効に使って成果に結び付けることが必要であるからである．

　それから，補助金については，その年度の国の予算決定がいつ頃になるかによって影響を受ける．例えば，国会における予算審議が遅れてなかなか決定されない場合には，交付決定時期が遅れることになる（補助事業の開始時期が必然的に遅れる）．また，国が緊縮予算を組む場合には，補助金額が前年度に比べて減額されることが多い．このような場合に，減額の金額にもよるであろうが，研究開発を予定どおり進めるかどうかにより，交付決定を不服として申請の取下げを行なうことも起こり得るであろう．いずれの場合も申請用の書式があるので，それに従って記載して提出する必要がある．

　補助事業の申請書を書いて申請する時点で，業界情勢により思わぬ状況の変化が起こり，どうしても当初の計画の内容を大きく変更する必要が生じた

場合には，変更の届けを提出して承認を得ることが必要である．補助金の交付は，あくまでも最初に提出した研究計画（経費も含めて）に対して行なわれるものであるから，交付を受けた側が勝手に計画の内容を大きく変更することはできない．ただし，変更が軽微な場合にはその必要はないが，この場合でも，一応交付元の担当者に相談して判断を仰ぐ方が無難である．例えば，経費の変更は全く必要なく，研究開発の実験の順序を変更する（得られる成果には影響なし）とか，単価的には変更がないが，材料の材質を変更するとかなどが軽微な例として挙げられるであろう．これについては，6.2節の末尾の説明を参考にされたい．

次に，よくあるのが費目相互間で補助金の配分を変更する場合である．これには，色々な制限が設けられている場合が多い．既に，6.2節においても触れたが，例えば，補助金の額の配分の変更をいずれか低い方の費目の金額の15％に相当する額を超えて行なおうとする場合とか，あるいは単純に各費目につき20％を越える変更をする場合などである．交付決定後に仕様の変更があり，購入品目の価格がアップした場合や，試作品の台数を増やす必要が生じた場合も挙げられる．これらの事態が生じた場合には，補助金の交付元に対して遅滞なく申請を行なうべきか，あるいは申請の必要がない範囲のものであるのかについて判断して行動することが必要である．兎に角，判断に迷う場合には，遠慮なく交付元に相談することである．

6.4 人件費の把握

補助事業の経費の一覧表に補助対象として人件費が含まれている場合には，その人件費（換言すれば，工数，労務費など）を正確に把握しなければならない．算出のベースになるのはタイムカードである．しかし，平生から工数のチェックを怠っていて補助事業の終わり頃になってあわててまとめたために，検査の際に，証拠書類として提出したタイムカードの記録時間との間の矛盾をつかれるということがままある．実際は，本人が出張して不在であったにもかかわらず，当日本人が出勤していて補助事業に従事していたなどというのはその最たるものである．面倒でも，平生から毎日の出退の確認を

しておくのがよい．なお，企業によってはタイムカードを廃止しているところもある．その場合には，コンピュータから勤務時間を打ち出したものを使うとよい．

一例として，表3.4の研究項目と各人の役割に示しておいた氏名Eの平成11年7月の場合の一部を示すと表6.1のとおりである（この企業の勤務時間形態は，昼休みは12時から12時40分までであり，10時と15時から各10分間の休憩があるようになっている．間接者は9時の始業である．原則として土・日は休日である）．この業務従事時間報告書については，提出を義務づけられている場合と，そうでない場合とがある．著者の体験からいえ

表6.1 業務従事時間報告書の例

部課名　開発設計課

氏　名　　E

日（曜）	業務内容	従事時間	時間数 (h)	本人印	責任者印
1（木）	面積最小化の研究	13：00～12：00	2.8		
	面積最小化の研究	12：40～16：00			
2（金）	操作の簡易化の研究	14：50～18：10	3.1		
3（土）					
4（日）					
5（月）					
6（火）	操作ハンドルの設計	13：50～18：00	4.0		
7（水）	東京：モダンホスピタルショー	11：00～12：00	4.1		
	東京：モダンホスピタルショー	12：40～16：00			
8（木）	操作ハンドルの設計	9：00～12：00	8.0		
	操作ハンドルの設計	12：40～18：00			
9（金）	面積最小化の研究	9：00～12：00	5.8		
	操作の簡易化の研究	14：50～18：00			
10（土）					

【備考】本人印および責任者印欄の捺印は省略している．

6.4 人件費の把握

表 6.2 業務従事時間報告書の例

研究業務日誌

平成11年11月　　　　　　　　　　　　　　　　　　　　氏名

日　曜日	研究業務内容	時間数 所定内/残業	主任研究者認印
1(月)	8　9　10 1010 11　12　1240　14　15 1510 16　17　18　19		
2(火)			
3(水)			
4(木)			
5(金)			
6(土)			
7(日)			
8(月)	試作バーナーと補器類との取り合い・配管工事	6	
9(火)	試作バーナーと補器類との取り合い・配管その他の段取り	6	
10(水)	総合試運転作業（失火特性のチェック）	6	
11(木)	調整試験着火（観察）	6	
12(金)	連続燃焼試験（観察）	6	
13(土)			
14(日)			
15(月)	試作バーナー1号機の火炎状態に関する試験	6	
16(火)	試作バーナーの酸素供給量の影響に関する試験	6	
17(水)	試作バーナーの空気量調整に関する試験	6	
18(木)	試作バーナーの輝炎領域の把握に関する試験	6	
19(金)	試作バーナーの油垂れ状態に関する試験	6	
20(土)			
21(日)			
22(月)	ノズルチップからの油垂れの原因究明に関する試験と対策	6	
23(火)	内部混合室内への燃料漏れに関する原因調査と対策	6	
24(水)			

ば，たとえ義務づけられていなくても，このような表は作成しておく方がよいと思う．参考までに，別の事例を 表 6.2 に示しておく．

　仕事の内容は，調査，試験研究，まとめ，報告書作成くらいに分類すればよいであろう（各社の独自の分類でもよい）．業務内容については，可能な限り詳しく記載するのがよい．業務内容をただ「設計」とだけ書いたのでは具合が悪い．○○ の □□ に関する設計のように具体的に記載するのがよい．

　著者の経験からいえば，前日 作業に従事した時間については，面倒でも必

ず翌日に確認することを勧めたい．そうして，責任者の確認印を捺印しておくのである．そうして，前述のE社員の例に戻るが，表6.3のように集計すればよいであろう．この集計結果を決算報告用の数字として記載する．補助金を活用した研究開発事業に従事した対象月と費目別の時間数の集計を行ない，時間単価を乗じて月別の金額を算出し，合計金額を集計するのである．

　時間を集計する場合，調査，試験研究，まとめ，および報告書作成というように分類したが，企業においては，朝礼ミーティングや打合せ会議などが日常行なわれるのが普通である．この際，これらの補助事業に関係のないものを含めてカウントしないように注意しなければならない．また，主たる研究場所からかなり離れた場所（自動車での移動が必要とされるくらいの距離）で試験研究を行なう場合には，必ず移動時間が必要となる．常識的には，少なくとも往復の移動時間が必要である．この時間は，原則的には補助の対象にはならない．同様にして，遠隔地へ出張して調査業務を行なう場合，業務従事時間は自宅を出てから帰宅するまでの時間ではない．これは，労災の対象にはなるであろうが，実際の調査業務の時間は，調査対象場所（あるいは会場）に入門して出門するまでの時間をいうのである（時間については自己申告にならざるを得ない）．その調査対象場所（会場）までの交通費や日当などは，その企業の旅費規定に従って支払われる．このあたりのことは，厳密に区別して管理しなければならない．

　月別の研究開発従事時間をまとめる書式として，表6.1のほかに表6.2のようなものもある（前出）．どちらでもよいが，自社にとってやりやすい方を使用すればよいであろう．

　この人件費についても証拠の提出を要求されることがある．一つは，その企業の年間カレンダーである．これにより，休日か出勤日かがわかる．自動車部品会社の場合には，祭日の出勤ということもあり得る．もう一つは，研究担当者の賃金台帳の写しである．場合によっては，タイムカードの写しも要求される．工数実績と実勤務時間の間に不整合があってはならないのはいうまでもない．

　労務費は，ともすると誤魔化しやすい費目である．実際に研究開発業務に

6.4 人件費の把握

表 6.3 人件費計算書の例

研究開発テーマ：○○に関する研究開発
研究担当者氏名：　　　E　　　；　期間：平成10年10月～平成11年3月

対象月	費　目	時間数	時間単価（円）	金額（円）
10月	① 調査	22	1,900	41,800
	② 試験研究			
	③ まとめ			
	④ 報告書作成			
	小　計	22		
11月	① 調査	34	1,900	64,600
	② 試験研究			
	③ まとめ			
	④ 報告書作成			
	小　計	34		
12月	① 調査	149	1,900	283,100
	② 試験研究			
	③ まとめ			
	④ 報告書作成			
	小　計	149		
1月	① 調査	40	1,900	104,500
	② 試験研究	15		
	③ まとめ			
	④ 報告書作成			
	小　計	55		
2月	① 調査		1,900	28,500
	② 試験研究	15		
	③ まとめ			
	④ 報告書作成			
	小　計	15		
3月	① 調査	17	1,900	117,800
	② 試験研究	5		
	③ まとめ			
	④ 報告書作成	40		
	小　計	62		
	合　計	337	－	640,300

従事していないにもかかわらず，実際に従事したように申告して摘発された例もあるやに聞くが，少し調べればわかることである．ゆめゆめこのようなことがあってはならない．

さて，一般的な労務費の計算の仕方は次のとおりである．これは，研究開発に従事する職員の直接作業時間に対する人件費である．すなわち，

　　　　労務費＝基本給＋賞与＋家族手当＋住宅手当＋管理職手当
　　　　　　　　（または技能職手当）＋法定福利費

である．労務費には，退職金，通勤手当および福利厚生要素のある食事手当などは含まれない．

ここで補足説明をしておくが，補助金を活用しての研究開発に従事する職員および工員の1時間当たりの単価，すなわち時間単価は，通常 個人ごとに算出する．補助金が交付決定された日に各個人が属する国の会計年度における年間支払人件費の総額を年間労働時間数で除したものである．交付申請書を記載する段階においては，時間単価を正確に推定することが困難なので，その年の会計年度に先立つ1年間の平均人件費を基礎とし，その後に行なわれる給与の改定などを考慮した時間単価を用いてもよい（事業終了後に，上述したやり方で計算をやり直せばよい）．また，残業の時間単価については，就業規則などに定められている単価と正しく積算した単価とを比較して，どちらか低い方の値を用いるとよい．

労働時間数とは，補助金の交付を受けた企業の就業規則などに定められた所定内労働時間数のことである．大抵の企業では，年度はじめに主たる製品の納入先などのカレンダーを参考にして，年度内の出勤日を決めている．

6.5 中間報告と監査

補助金を活用した研究開発事業のすべてについて当てはまるということではないが，事業の途中において中間報告（状況報告）の提出を求められる場合がある．また状況調査ということで，該当企業へ交付元から監査委員が派遣されることがある．その時期は，補助事業が開始されてから3, 4ヵ月くらい経過した頃である．

状況報告書を求められる場合には，特に現地調査のための企業訪問が行なわれない場合が多い．しかしながら，進捗状況の調査という名目で企業訪問がなされることはよくあることである．交付元から派遣される監査委員は通常2〜3名である．

著者の経験では，最初は研究開発の進捗状況や経費の発生状況を資料を基にして説明し，次いで実際に研究や試験を行なっている主たる研究場所に案内して，実情を視察もらうのがよいであろう．この場合，補助事業で取得した財産類についてもチェックされる．

監査の基準になるのは，交付申請書に記載されている内容である．研究開発スケジュールと実際の進捗状況はどうであるのか，遅れている場合にはリカバリーが可能であるのか，試作品の製作の状況はどうか，購入品の調達状況はどうか，労務費の消化状況はどうか，年度内に研究開発目標の達成は可能であるのかなどが実地検分やヒアリングを通じて総合的に判断される．この段階において，補助事業の中止などということは滅多にないことであると聞くが，進捗状況の当初計画からの乖離は，全体の成否を左右するものであるから，慎重かつ適切な対応が求められる．

この中間検査と監査の報告は，補助金の交付元に報告され，不適合がある場合にはしかるべき処置がとられるはずである．

6.6 成果報告書のまとめ

該当年度末（あるいはそのもっと前に），補助金による研究開発が終了したら，いよいよ実績報告書の提出が必要になる．補助制度によって，その実績報告書のほかに添付して提出する書類が異なっているので，規則を熟読して対応することが必要である．

市レベルの補助制度の一例を示すと次のように規定してある．

（1）当該補助事業が完了したときは，その完了の日から40日以内に補助事業など，実績報告書に次に掲げる書類を添えて市長に提出しなければならない．

　①事業実績報告書，②決算書，③その他，市長が必要と認める書類

(2) 補助事業などの中止について，市長の承認を受けた場合において，年度内に補助事業などが完了しないときは，当該年度内における補助事業など，実績報告書を前項の規定を準用して市長に提出しなければならない．
(3) (1)項の規定は，補助事業などの廃止について市長の承認を受けた場合に準用する．

　次に，経済局の補助制度の一例を示す．
(1) 補助事業者は，当該会計年度が終了したときは，終了後30日以内，または翌会計年度の4月10日のいずれか早い日までに，補助事業の実施結果および補助対象費用の支出に関して，補助事業実績報告書を○○経済産業局長などに提出しなければならない．
(2) 補助事業者は，当該会計年度の補助事業の実施中に会計年度が終了したときは，終了後1ヵ月以内に補助事業の実施状況および補助対象費用の支出状況に関する年度末実績報告書を提出しなければならない．
(3) 補助事業者は，前2項の実績報告を行なうに当たって，補助金に係わる消費税，および地方消費税に係わる仕入控除額が明かな場合には，当該消費税および地方消費税に係わる仕入控除額を減額して報告しなければならない．

　以上示したように，いずれにしても研究開発事業の完了後30〜40日以内に実績に係わる報告書を提出しなければならないのである．提出する書類について大まかにいえば，実績報告書と補助対象物件などの取得明細表とその関係証拠書類である．これをまとめると，表6.4のとおりである．

　著者の体験からいえば，実績報告書は自分の言葉で実際に実施したことを記述するのがよい．泥臭いことでもしっかりと書くべきである．学術的な研究報告ではないのであるから，高度な表現や構えた表現を使う必要はない．成果を出すためにどのような苦労や工夫をしたか，知恵を絞ったのかなどについてストレートに記述すればよいであろう．この実績報告書は，原則として補助金交付元の関係者の目に触れることはあり得るが，そのまま直接的に公開されることはない．その意味からいえば，研究をめぐっての協力者や指導者との葛藤などを記載しても一向に差し支えないといえる．

6.6 成果報告書のまとめ

表 6.4 補助事業実績報告書の比較

	実績報告書	内容の説明
経済省新規産業創造技術開発費補助金	技術開発結果説明書	技術開発内容と実績の説明
		技術開発状況
		その他，年度内に生じた変更
		翌年度以降の技術開発の計画
		工業所有権の出願状況
		企業化の見通し
	技術開発費決算書	予算決算総括表
		技術開発費費目別内訳表
県レベルの補助金	研究開発結果報告書	研究開発の経過
		特許実用新案の出願状況
		研究開発の成果
		成果の企業化・輸出の見通し
		決算総表
		収支明細表

次に，県レベルの補助事業の場合の開発結果報告書（実績報告書）の内容を表 6.5 に示す．開発の経過欄の記載内容は，研究開発担当者，実施地，研究開発期間，研究開発の日程および研究開発の実績などである．研究担当者の項には，主任研究者および研究担当者の氏名，職名，所属，ならびに分担した研究項目などを記載する．実施地の項には，実施地の名称，所在地と電話番号，実施地で行なった研究項目（実施地が 2 箇所以上の場合には，それぞれの実施地で行なった研究項目）を記載する．開発期間は，開始と終了の年月日を記載する．開発の日程は，研究開発の開始から完了までの研究スケジュールを順序に従って記載するが，表の形で記載するのがよいであろう．研究開発の実績については，補助金交付申請書に記載されている内容と対応させて記述する．実績報告書を書くに際には，研究開発のために購入して使用した原材料，機械装置・工具器具，外注加工および設備などを含めて，研究開発の経過と内容などについて記述する．この場合，補助金交付申請書で説明してある研究開発などの内容と対応させて，経過や実績の内容などをより具体的に，かつ詳細に説明するために，図・表やカラー写真などを用いて記述するとよい．また，スケジュールの予定と実績との間の乖離や変更があ

表6.5 開発結果報告書(実績報告書)

1. 開発の経過	研究担当者	主任研究者および研究担当者の氏名,職名,所属ならびに分担して研究した事項
	実施地	実施地の名称,所在地および電話番号,2箇所以上に分れるとき,それぞれの場所で実施した主たる研究事項
	開発期間	開始 平成 年 月 終了 平成 年 月
	開発の日程	研究の開始から完了までの研究日程を研究の段階に従って記載すること
	開発の実績	申請書の内容説明書と対応させて,研究のために使用した設備,材料および研究の経過ならびに内容について,図面,図表または写真なども含めて詳細に記載すること
2. 工業所有権		開発に特許または実用新案の登録の出願をしているときはその状況
3. 開発の成果		研究成果は具体的に詳細に記載し,研究成果を適用させるため具体的方法,適用上の問題点および研究の技術的,経済的効果,公害防止効果などについて詳細に記載すること
4. 成果の企業化および輸出の見通し		成果を企業化する見込み,時期,企業化の規模,量産化したときの製品の価格,輸出見込数量,金額および主たる仕向地ならびに輸入品と比較した場合の優劣について記載すること

った場合には,その理由を記述することも必要である.

　研究開発の期間中に特許,実用新案登録および意匠登録を出願した場合には,その状況(種類,内容など)について記載することが必要である.

　研究開発の成果については,年度末に終了した状況を基に記述する.申請書の中で,研究開発が終了した時点における期待成果の目標について述べているが,それらと対比させて,得られた具体的な研究成果を詳細に記述する.さらに,その研究成果を実際に適用するための具体的な方法や適用するうえでの問題点,課題などについても説明することが必要である.交付申請書においては,技術的な目標と経済的な目標について述べているので,ここでの記述も技術的・経済的な両側面から行なうとよいであろう.説明は漠然としたものではなく,可能な限り定量的な数値などを用いて行なうとよい.なお,環境保護やリサイクルの推進という最近の社会的な要請も考慮して,環境保護関連およびリサイクル性の観点からのメリットがあれば,積極的に記

載するべきである（前出）．

　成果の企業化および輸出の見通しの項については，得られた成果の企業化，販売までの具体的な計画が記述されているのが望ましい．これを厳密にいうと次のようになる．生産工場の場所，建設着工時期（既存の工場を活用する場合も含む），製品の販売形態，販売単価，販売予定量，販売予定金額，市場規模，原料の入手先，企業化のための必要資金，収益見通しなどである．これでは余りにも書きにくいという場合には，企業化の時期，その場合の規模，量産化が始まった際の製品の単価，輸出の見込数量，総金額，主なる輸出先，輸入品と比較した場合の優劣などについて記載すればよいであろう．

6.7 経理報告書のまとめ

　いうまでもなく補助金は公金である．したがって，補助金の交付を受けた補助事業者は，この補助事業において購入・調達した物件の取得ならびに支払いに関しては公明正大でなければならない．見積り（相見積り）により決定した価格と，その妥当性，およびそれらに関する経理処理の適切性と透明性などについて，必要ある場合には第三者に対して，いつでも筋道立った説明ができなければならない．このように書くと，躊躇する向きもあろうかと思われるが，当たり前のことを当たり前に行なっていれば何も問題はない．

　さて，既に表 6.4 の補助事業実績報告書の比較において紹介したのであるが，経理報告書すなわち決算書は，予算決算総括表（決算総表ともいう）と費目別内訳表（収支明細表ともいう）からなっている．比較的簡単な場合と詳細な資料・報告書が必要とされる場合の両方について以下に説明する．

(1) 県レベルの補助事業の場合の例

　既に 表 6.4 で説明したが，決算総表と収支明細書および補助対象物件などの取得明細書が必要である．これに，さらに 図 6.2 に示したような関係証拠書類の写しを物件ごとに整理番号を付けてファイルして提出する．参考までに，関係証拠書類について詳しく示せば 表 6.6 のとおりである．

　ここで補足説明を加えておくことがある．例えば，表 3.9 においては，設備費が機械装置費・工具器具費などに，材料費が原材料費に，外注費が外注

6. 補助事業の交付が決定した後の作業

表 6.6 必要な証拠書類など

項目	注文書	カタログ	仕様書	見積書	注文請書	契約書	納品書	検収調書	請求書	銀行振込受領書	小切手の控え	領収書	当座勘定照合表	備考
設備費	○	○	○	○	○		○	○	○	◇	◇	○	○	機械装置などが確認できる写真
材料費	○	○	○	○	○		○	○	○			○	○	材料受払簿
物品費	○	○	○	○	○		○	○	○			○	○	物品受払簿
労務費	研究業務日誌, 給与台帳, 法定福利費の利率などの根拠, 就業規則, 就業カレンダー, タイムカード(出勤簿)写し													
外注費	○		○	○	○		○	○	○	◇	◇	○		
委託費									○			○		受託契約書, 報告書
諸経費	出張命令書, 出張報告書(旅費の算定根拠が明確な資料), 出張旅費規定													
その他	補助金交付申請書, 交付決定通知書, 各種変更届, 進捗状況報告書など													

【参考】設備費の項の上段は購入した場合, 下段は借用した場合を示す. ◇印は現金支払いではない場合, いずれかが必要なことを示す.

加工費に，また労務費が直接人件費というようにそれぞれ用語の表現が変わっているが，その用語の意味するところを種々な補助制度ごとに正確に把握して対応すればよいことであるので，あえて表現の統一を行なっていないことを申し添えておく．これは，その他の表においても同様である．

また，決算総表の例を 表 6.7 に，また収支明細書（兼）補助対象物件取得物

表 6.7　決算総表　　　　　　　　　　　　（円）

区　分		予算額		決算額		補助金額	備　考
		補助事業に要する経費	補助対象経費	補助事業に要した経費	補助対象経費		
支出	原材料費						
	構築物費						
	機械器具,工具器具費						
	技術指導受入費						
	外注加工費						
	市場調査費						
	直接人件費						
	委託費						
	その他						
	合計						
収入	自己資金						
	借入金						
	補助金						
	その他						
	合計						

6. 補助事業の交付が決定した後の作業

表 6.8 補助対象物件などの状況の例

項目	No.	納入会社	見積 月日	見積 金額	発注 月日	発注 金額	納品月日	請求月日	支払月日	領収月日
材料 A	1	㈱H商会	99.7.28	1,000,000	99.7.30	1,000,000	99.8.22	99.8.22	99.8.27	99.8.27
	2	T産業㈱	99.7.28	1,850,000						
材料 B	3	㈱D工業	99..8.10	770,000	99.9.9	700,000	99.9.18	99.9.18	99.9.26	99.9.26
	4	㈱B製作所	99.8.28	880,000						
金型	5	K商事㈱	99.9.28	2,651,250	99.9.30	1,575,000	99.10.2	99.10.29	99.11.15	99.11.15
試作費	6	W鉄工所㈱	99.10.1	80,000	99.10.2	80,000	99.11.22	99.11.29	99.12.5	99.12.5
組立治具	7	T工業㈱	99.10.1	150,000	99.10.9	150,000	99.11.22	99.11.29	99.12.5	99.12.5
表面処理	8	㈱N工業所	99.10.28	125,000	99.11.5	120,000	99.11.10	99.11.29	99.12.5	99.12.5
計量機	9	C精密㈱	99.10.28	1,000,000	99.11.5	1,000,000	99.11.10	99.11.15	99.11.27	99.12.27
	10	㈱Y商事	99.10.28	1,450,000						
研削盤	11	S技販㈱	99.10.28	100,000	99.11.22	150,000	99.11.22	00.1.5	00.1.27	00.1.27
合計						4,775,000				

【備考】この例の場合、補助事業に要した経費は4,775,000円である。

6.7 経理報告書のまとめ

件など取得明細書の例を 表 6.8 に示す．表 6.7 の予算額とは，交付申請書に記載した金額である．事業の途中で補助事業の内容や計画を大きく変更した場合には，交付元から承認を受けた計画に基づいた金額を記入する．一般的に，軽微な変更を除いて勝手に変更してはならない．また，予算額と実績額（補助事業に要した経費）が著しく相違する場合には，その理由を備考欄に詳細に記述することが必要である．

(2) 経済省レベルの補助事業の場合の例

表 6.4 の補助事業実績報告書の比較において説明したように，予算決算総括表（表 6.9）と技術開発費費目別内訳表（表 6.10）などを技術開発費決算書として提出する．予算決算総括表の収入欄の補助金のところの本年度総予算額および本年度実績のところには，支出欄の本年度補助金額のところの交付決定額および充当額の小計を記載する．その費目別内訳表を正確に作成するために，研究開発費月別集計表（表 6.11），製造または取得した物件一覧表（表 6.8 に同じ），個人別時間給計算表（表 6.12），個人別月額労務費内訳表

表 6.9 予算決算総括表の例　　　　　　　　　（円）

項　目		補助事業総予算額 (A)	補助事業実績 (B)	補　助　金　額				
				交付決定額	流用額	流用後補助金額	支出実績額	充当額
支出	設　備　費							
	材　料　費							
	物　品　費							
	労　務　費							
	外　注　費							
	委　託　費							
	諸　経　費							
	小　計							
	その他の費用							
	合　計							
収入	自　己　資　金							
	借　入　金							
	その他の収入							
	補　助　金							
	合　計							

表 6.10 研究開発費費目別内訳表　　　　　　　(円)

研究開発費目	補助金交付決定額	流用額	流用後補助金額	補助金支出実績額	補助金充当額	明　細
設　備　費						
原 材 料 費						
物　品　費						
外　注　費						
労　務　費						
委　託　費						
諸　経　費						
小　　計						
その他の費用						
合　　計						

(表 6.13), 個人別月額労務費発生額一覧表 (表 6.14), 研究業務日誌 (表 6.1 または表 6.2) などを作成しておくと非常に便利である. このような資料を作成して, それをベースにして総括表や内訳表の形にまとめるとよい.

　上述の (1), (2) 項のいずれの場合も, 1,000 円以下は切り捨てる場合がほとんどである. この理由は, 余り細かい単位まで計算しても, かえって煩雑になるだけであり, しかも大勢には影響しないからである. 補助金の支出実績額は, 本年度の補助事業に要した経費〔(2) 項の本年度実績に相当〕に補助率を乗じて算出されるのであるが, いずれの場合も消費税は補助対象経費から除外する.

　(1), (2) 項を含めて, 一般に用紙の大きさは日本工業規格に定められている A 列 4 版を使用し, 縦左横綴じとするものがほとんどである.

　さて, 経理報告書をまとめるに当たって留意しておくべきことが幾つかあるので, それらについて説明を加えておく.

6.7 経理報告書のまとめ　　　　　　　　　　　　　　**85**

□ 前にも述べたと思うが，一般的にいってこの補助事業に関係する伝票類や帳簿などは，補助事業が完了した会計年度から5年間は保管しなければならないということになっている．もちろん，経理関係資料についても5年間保管することが義務づけられている．経済省の新規産業創造技術開発費補助金の場合は，「帳簿その他の証拠書類は，補助事業の完了した日の属する年度

表6.11　研究開発費月別集計表　　　　　　　　（円）

研究開発費目	6月	7月	8月	9月	10月	11月	12月	1月	2月	3月	合計
設備費											
材料費											
物品費											
労務費											
委託費											
諸経費											
その他費用											
研究開発総費用											

【備考】各費目の空欄部の行の高さは，補助対象物件の多少に応じて増減する．

表6.12　個人別時間給計算書の例　　　　　　　（円）

氏名　C　：平成○○年○○月～平成◇◇年◇◇月
氏名　E　：平成○○年○○月～平成◇◇年◇◇月

職種	氏名	所定内労働時間(h)	基本給	賞与	家族手当	住宅手当	管理職手当	法定福利費	支払労務費	時間給
課長	C	1,958	3,576,000	862,000	11,000	12,000	720,000	601,774	5,782,774	2,953
社員	E	1,958	2,916,480	729,940	24,000	12,000	0	694,114	4,376,534	2,235

6. 補助事業の交付が決定した後の作業

表6.13　個人別月額労務費内訳表　　　　　　　　　（円）

氏名：E

	4月	5月	6月	7月	8月	9月	10月	11月	12月	1月	2月	3月	合計
基本給													
賞　与													
家族手当													
住宅手当													
管理職手当													
法定福利費													
健康保険													
厚生年金													
雇用保険													
労災保健													
合　計													

表6.14　個人別月額労務費発生額一覧表　　　　　　（円）

氏名：C, E

職種	氏名	作業時間(h) 労務費額	作業時間数および労務費額								清算時間給	労務費精算額
課長	C	時間数										
		金　額										
	対象計	時間数										
		金　額										
	対象外計	時間数										
		金　額										
社員	E	時間数										
		金　額										
	対象計	時間数										
		金　額										
	対象外計	時間数										
		金　額										
対象合計													
対象外合計													
合　計													

6.7 経理報告書のまとめ

終了後5年間保存しなければならない」となっている．また，県レベルの新規成長産業補助金の場合には，「該補助事業完了の日から起算して5年を経過した日の属する県の会計年度末日まで保存すること」となっている．

さらに，市レベルの基礎技術研究支援補助金の場合には，「当該補助事業の完了の日から起算して5年を経過した日の属する市の会計年度末日まで保存しなければならない」となっている．いずれもその意味するところはほとんど同じである．その保存の対象については，経済省のものが「収支の事実を明確にした証拠書類を整理したもの」となっている．県のものは，「その収支の事実を明確にした証拠書類を整理したもの」，市の場合は「当該補助事業に係る帳簿および書類」となっている．いずれにしても，経理に関する証拠書類を整理して保管しなければならない．

□ 消費税は，補助金の対象経費にはならないので，消費税を除いた金額で集計記載することが必要である（これについては前出）．

□ 証拠書類は，発生費用の請求および支払などの発生年月日が時系列的に明確に確認できるようにしなければならない．これは，前述した補助対象物件，実際の取得物件などの取得明細書を作成してみると矛盾点が発見できる．

□ 補助事業に係わる取引証拠書類は，補助事業以外の業務に係わる取引業務書類と区別して記入することが必要である．補助事業専用の帳簿を作成する必要があることについては既に述べた．

□ 補助事業に関して発生する費用の支払いは，その補助事業が実施される年度末（3月31日）までに，原則として銀行振込みまたは小切手により行なうことが必要である．往々にして，補助事業とは関係のないその他の物件の支払いと込みで支払う場合（混合支払いのこと）があるが，これは避けなければならない．補助対象分の区別化が判然としないからである．なお，銀行振込みの場合の振込手数料は，消費税と同様に補助の対象とはならない．補助事業に関する決算書などを作成する際に，これらのものを含めないように留意するべきである．

□ 補助の対象となっている原材料や消耗品（例えば，試験を1回行なうた

びに消費する燃料，その他それに類するもの）については，購入後に受払簿を作成して使用実績量と残量を記録することが必要である（例えば，何月何日の実験での使用量は幾らであり，残量は幾らであるというように）．ベースになるのは，購入量に対する使用実績であるが，使用実績が尊重される．研究開発がスケジュールどおりに進捗した場合には，購入量（分割購入も含む）に対して使用実績がほぼ均衡するのが当然である．しかし，購入量に対して異常に使用実績が少ない場合には，使用実績に応じた経費を計上することが必要である．当然，補助金額も減額修正されるであろう．

　以上，色々と述べたが，第三者への透明性の確保と理解の手助けの意味もあって，一見して第三者に対して疑問を与えそうな事象を明確に説明する事由書を書くことも時には必要である．その事例に関して，著者が経験したことを幾つか挙げておこう．
① なぜ相見積りを取らなかったのか，
② 購入品の発注先がメーカーの代理店または取扱店であるかどうか，
③ なぜグループ企業に外注したのか
などである．

　相見積りを取らなかったことに該当する例としては，日常から購入使用している材料で改めて相見積りを取るまでもない場合や，購入しようとする特殊な測定装置について，特定のメーカーがベストであると万人から認められている場合とか，補助金交付申請者が既に所有している測定機器と共用上の互換性の問題などが挙げられる．購入品の発注先についても，メーカーの代理店あるいは取扱店かどうかについては関心を持たれるところである．このあたりについてもクリアーにしておくことが必要である．また，なぜグループ企業以外に外注できなかったのかについても明確な説明が必要である．この場合の例としては，研究開発品の重要な要素部品を外部から調達するに当たり，その外部の企業から強く守秘義務を要求されていたり，小回りをきかさなければならないなどの場合が挙げられる．この場合には，年度内に目標を達成するために，全くのはじめての企業相手ではなく，気心が知れたグループ企業を選択したという事由ならば，一応の説明にはなる．

以上述べたようなやむを得ない理由がある場合には，誤解を招かないように明確な説明文を作成して添付しておくことが必要である．

6.8 実績報告書の提出から補助金の支払いまで

前述のように，補助事業の中間における交付元による検査のほかに，確定の検査が行なわれることがある．一般的には，最終実績報告書が提出される前に行なわれることが多い．それは，いったん実績報告書を提出した後から，不適合事項が見出されて是正命令が出された場合，その修正対応が大変になる場合があるからである．電話やFAXで是正する内容を伝える作業，それに従って修正を行なう作業，その結果が交付元へ送られ，そこで内容についてチェックする作業など，実に大変な作業になるであろうと思われる．実際に経験してみればよく理解できる．

したがって，最終の実績報告書（技術関係および経理関係）を提出するまでの間に事前に検査を行なって，早めに是正事項を指摘する方が双方にとって効率的である．そのため，最終報告書をまとめる側からすれば，確定検査を受ける際にはひととおりの資料，証拠書類および帳票類などをまとめておかなければならない．補助事業の終了段階は，結構忙しいのである．

このようにして，修正して提出した最終書類であっても，まだ間違い箇所が見出されることがある．補助金を交付する側としては，大半の補助事業者に対して，次年度の4,5月の内に補助金を支払わなければならない．公金に関することであるから，申請書（あるいは承認された計画変更書）と実績報告書における金額の整合性と適正性が要求される．

検査は，主たる研究実施地を含む現地などの調査が基本である．主たる目的は，補助事業における補助金の使用実績額を確定することである．この検査のために用意しておく必要がある証拠書類などは次のとおりである．

（1）研究開発の概要に関する説明資料
（2）各種の調書類
　① 研究開発費目別集計表
　② 取得した物件一覧表（自社で製造した取得物も含む）

③ 職員別（研究員，実験員など）の時間給計算書
④ 個人別月額労務費の内訳
⑤ 個人別月額労務費発生額（補助事業に従事した月別労務費）
⑥ 研究業務日誌
⑦ 補助金確定検査調書

　以上のものがある．場合により，その企業の経理処理の流れをまとめたものの提示を求められるかも知れない．特に，補助事業における経理処理と相違がないのであれば，通常の経理処理の流れを説明すればよい（恐らく相違はないはずである）．これは，経費の発生から支払いまでの業務の流れである．支払方法，支払の時期および取引銀行などを明確に記載したものでよい．著者の経験からいえば，必要の有無にかかわらず，あらかじめ準備しておくことを勧める．また，就業規則，年間カレンダー，出張規則などのほか，経費の発生に伴う各種帳票類や証拠書類などの準備もしておく方がよい．

　このようにして，現地など調査や提出された実績報告書などを参考にして，関係機関において総合的にチェックが行なわれる．チェック項目は，補助金交付申請書に記載されているとおりに実施されたのか，経理処理の状況や補助事業成果物の取得状況が適正であったのかなどで，要は，目標とする成果が得られているのか，補助金が適正に使用され処理されているのかの2点につきる．何らかの不適合があった場合は，是正命令が出されることについては既に述べたので省略する．この補助金確定作業までの流れを示すと図6.3のとおりである．

　さて，交付元において補助金の交付決定書に記載されている内容や補助金交付の条件に適合しているとの結論になった場合には，関係機関は速やかに補助金の清算額を決定し，これが補助事業者へ文書で通達される．大抵の場合，4月ないし5月の内には補助金が指定銀行に清算払いされる．以上述べた研究開発終了から，補助金の支払までの流れを示すと図6.4のとおりである．

　補助金の交付を受けて研究開発を行なうということは，それにより発生する諸経費は少なくとも翌年の4〜5月までは補助事業者の立替え払いとなる．

6.8 実績報告書の提出から補助金の支払いまで

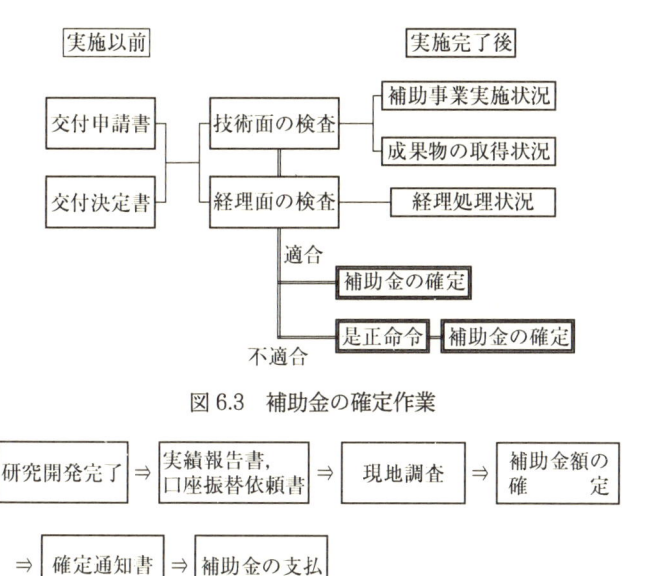

図 6.3 補助金の確定作業

図 6.4 研究開発終了から補助金の支払いまで

当然，その間においては経費を負担しなければならない．一方で，研究開発に要する総経費の 1/3～2/3 以内は，公金でまかなってもらえるというありがたい制度でもある．

さて，補助金事業も終了し，補助金額が確定して，補助金が支払われた後，しばらくして国の会計検査院による検査が行なわれることがある．これは，経済省や県の場合が主体である．例えば，政令指定都市である市の場合には，市が独自に行なうことになる．最近，特に各地において補助事業の不正受給が摘発されており，この会計検査院の検査も力が入れられているように感じられる．この実施期日については，関係先から原則として予告なしに連絡される（もちろん，ある程度日時に関する連絡はあるが）．

会計検査院による検査は後述するが，自社（補助事業者）で行なわれるとは限らないので，その場合には指示に従わなければならない．事前に書類の提出を指示された場合には，提出期限までに指示内容どおりの書類（調書）を提出しなければならない．

検査の内容は，補助事業者として実施した研究開発状況（研究開発の経緯，成果または活用状況），補助金の使途とその内容（特に，経理においてどのように処理したかがポイントになる）などである．

この検査のために準備する書類や物件などは次のとおりである．
① 研究開発の内容の説明書（よくわかるように，具体的に簡単明瞭に記述する．得られたデータや図・表も準備しておく）
② 決算書
③ 会計帳簿，経理関係の証拠書類など（原則として原本の提示が求められる）
④ 補助金により得た取得財産一覧表（現品の確認もあり得る）

などである．上記のもののほかに，その他の各種資料の提示を要求されることもある．

以上色々と述べたが，平生から規則にのっとってきちんと実施していれば，慌てることは全くないといえる．

6.9 会計検査院による検査

補助事業者は，補助金を活用しての研究開発が終了して，確定した補助金を受領した後に，主として補助金の使途や処理の状況を中心にして，会計検査院の実地検査を受けることがある．どの補助事業者について会計検査を行なうかについては，会計検査院と交付元との協議により決定される．

会計検査の実施日が決定すると，経済局や県庁などから一応の連絡がある．ただし，月日が決定しても実地検査の詳細なスケジュールについてはわからないのが普通である．午前か午後かくらいはわかる．往々にしてスケジュールの変更が起こり得るので，弾力的な対応をとれるようにしておくことが肝要である．

これに対して，各種の調書などの作成が必要であり，しかも事前に提出することが要求される．調書の作成に当たっては，特に数字の間違いがないように留意する共に，文言についても適切で誤字などがないようにしなければならない．

6.9 会計検査院による検査

実地検査で何が行なわれるのかについては，およそ次のとおりである．
(1) 補助金を活用して実施された研究開発の実施経過とその内容，得られた成果，およびその活用の状況はどうか．
(2) 補助金を何に使用したか（その使途と内容の適正さ）．その経理処理のやり方は適切であるか．必要に応じて，補助事業により取得した財産の確認．
(3) 補助事業終了後の追加の研究があるのかどうか．研究成果の企業化の時期は何時頃か．その計画の内容，規模，収益予想など

である．

この実地検査を受けるために，準備するべき主たる書類や物件などを詳しくいえば，以下に示すとおりである．
(1) 研究開発内容の説明書（開発内容全般について，要領よく，簡潔的・具体的にまとめることが必要）．
(2) 研究開発決算書
(3) 原価計算書，会計帳簿および伝票などの経理関係書類（原本で検査を受けるのが基本となっている）．
(4) 研究開発関係の図・表，データなど．
(5) 取得した財産など（研究開発用に調達した研究用機器装置，金型，冶具，その他）．

なお，突発的にその他の資料の提示を求められることがあるので，あらか

表 6.15 会計検査院による検査

実地検査の対象	準備すべき書類および物件など
技術開発の経緯，成果およびその活用状況	研究開発内容の説明書（技術関係データ，図表，写真）
補助金の使途の内容と経理の処理方法	研究開発決算書
補助事業終了後の状況，追加研究，企業化状況，収益見通しなど	経理関係証拠書類（原則は原本．会計帳簿，伝票など）
	取得財産（試験装置，研究用測定機器など）

じめ必要と思われる補完的な資料については準備しておき，いつでも取り出せるようにしておくのがよい．以上のことをまとめると 表6.15のようになる．

経済省の資料によれば，過去に，極めて例外的な事例であるとは思うが，補助事業終了後5年目にして，事業の収益状況に関する会計検査が実施された例があったとのことを付記しておく．

6.10 補助事業終了後の補助事業者の義務

補助事業においては，補助事業が終了後に確定検査を受けて，補助金の支払ということになるのであるが，終了後といえども補助事業者が遵守するべき義務の幾つかが交付要綱に定めてある．その義務とは，帳簿などの保存期間，財産の管理および処分，実施結果の企業化または収益状況に関する報告，工業所有権に関する事項および収益納付などに関するものである．これらの要点を一覧表にまとめると 表6.16 に示すとおりである．

表には，経済省，県および市の補助事業の例を示している．基本的な部分についてはほとんど同じであるといえる．帳簿，その他の証拠書類については，「補助事業の完了した日の属する年度終了後，5年間保存しなければならない」のである．企業化または収益状況に関する報告については，完了後5年間，企業化または収益状況に関する報告を行なうことを求められている．ただし，市の例の場合のように，必要あると認めるときというものもある．財産の管理については，「善良な管理者の注意をもって」管理することが求められる．補助金の交付を受けて取得したまたは効用の増加した財産を何らか処置（財産を当初の目的外用途に使用する；譲渡する；交換する；貸付する；担保に供するなど）しようとする場合には，補助金の交付元の長（経済産業局長，県知事，市長など）の承認が必要である．さらに，その結果として収入があったときには遅滞なく前述の交付元の長へ報告しなければならない．その結果として，収入金の一部または全部を交付元へ納付することになる場合もあり得る．工業所有権については表に記載したとおりである．

6.10 補助事業終了後の補助事業者の義務

表 6.16 補助金で実施した研究開発事業終了後従うべき補助条件

交付元	補助制度	帳簿その他の証拠書類	収益状況に関する報告	財産管理	工業所有権
経済産業省	創造技術研究開発費補助金	帳簿その他の証拠書類は、補助事業の終了した日の属する年度終了後、5年間保存しなければならない。	補助事業の終了後5年間、本事業に係る収益の状況について、毎会計年度終了後30日以内に経済産業局長などに報告しなければならない。上記に係る経理を明らかにし、帳簿および書類などを事業年度終了後5年間保存しなければならない。経済産業局長が相当収益を生じたと認定したときは、局長の命令によって、補助金の全部あるいは一部に相当する金額を国に納付しなければならない。	補助金の交付を受けて取得した、または効用の増加した財産を当該補助事業またはその追加的研究以外の用に使用し、譲渡し、交換し、貸付し、担保に供しようとするときは、経済産業局長の承認を受けなければならない。財産の処分による収入金があったときは、遅滞なく局長に報告し、局長の命令によって、補助金の全部あるいは一部に相当する金額を国に納付しなければならない。	工業所有権の譲渡および実施権の設定時には、経済産業大臣が別に定めるところに従う。
□□県	広島県新分野進出中小企業等事業費補助金	帳簿および書類を保存しなければならない期間は、当該補助事業の終了の日から起算して5年を経過した日の属する会計年度の末日までとする。	実施結果の企業化については、補助事業終了後5年間、毎会計年度終了後15日以内に当該事業に係る企業化状況について報告し、その証憑書類を当該会計年度の終了後3年間保存する。収益ありと認められれば、収入の全部または一部を県に納付させることができる。	補助事業が終了した後も、補助事業により取得し、または効用の増加した機械などについて、その合目的な管理者の注意をもって管理し帳簿を設け、善良なる管理者の注意をもって管理しなければならない。財産処分をするときは、知事の承認を受けなければならない。収入があったときは、その収入の全部または一部を県に納付させることができる。	終了後5年間に出願し、それらしくは取得し、もしくは実施権を設定した場合には知事に報告する。収益を生じた場合に、全部あるいは一部を県に納付させることができる。
○○市	広島市基礎技術研究支援補助金	帳簿および書類を当該補助事業の終了の日から起算して5年を経過した日の属する市の会計年度末日まで保存しなければならない。	必要あると認めるときは、補助事業に係る企業化の状況について報告を求めることができる。	補助事業終了後も効用の増加した機械などにより取得し、または善良な管理者の注意をもって管理すること。財産を処分するときは、市長の承認が必要である。市長は財産処分により収入があったときは、その収入の全部または一部を市に納付させることができる。	補助金に基づいて取得した工業所有権を終了後5年度内に実施または譲渡し、もしくは実施権を設定した場合は、市長に報告する。収益ありと認められれば、市に納付させることができる。

7. 補助事業をめぐる諸問題発生時の処置

　補助事業もすべて順風万帆というわけではない．色々な事柄が発生する．その場合にどうするかについて二，三述べておく．

　表 6.1 の補助事業完了後のフォローに示した経済産業省の補助金の場合には，「申請の取下げなど」という一条が交付要綱に定めてある．ここには「申請者は，補助金の交付の決定の内容などに不服がある場合は，交付の通知を受けた日から 20 日以内に文書により申請の取下げをすることができる」となっている．不服の内容については色々と考えられるが，例えば交付決定した補助金額が補助申請額よりもかなり少ない場合が原因の場合もあるであろう．

　同じく，表 6.1 に示す県や市の場合には，「補助事業を中止し，または廃止する場合においては，知事（または市長の）承認を受けること」となっている．中止または廃止の事態に至った場合には，早急に申請することが必要である．

参 考 資 料 1

市の開発費助成申請書の例

広島市基礎技術研究支援補助金交付申請書からの抜粋

参考資料1　市の開発費助成申請書の例

様式第1号

平成　年　月　日

広島市長　様

　　　　　　　　　　　　　申請者　住　所　〒

　　　　　　　　　　　　　　　　　名　称

　　　　　　　　　　　　　　　　　代表者職・氏名　　　　　　　　印

　　　　　　　　　　　　　　　　　連絡担当者
　　　　　　　　　　　　　　　　　(TEL)
　　　　　　　　　　　　　　　　　(FAX)
　　　　　　　　　　　　　　　　　(＊申請者の住所が広島市外の場合には、広島市内にある事業所・工場等の住所・名称等を併せて記入してください。)

広 島 市 基 礎 技 術 研 究 支 援 補 助 金 交 付 申 請 書

　広島市基礎技術研究支援補助金交付要綱に基づき、補助金の交付を受けたいので次のとおり申請します。

　1　補助事業の目的及び内容
　　　事業計画書（別紙1）及び事業内容説明書（別紙2）のとおり。
　2　補助事業に要する経費及び補助金交付申請額
　　　収支予算書（別紙3）のとおり。
　　(1)　補助事業に要する経費　　　　　　　千円
　　(2)　補 助 金 交 付 申 請 額　　　　　　千円
　3　添付書類
　　(1)　補助事業に従事する者の研究実績等（別紙4）
　　(2)　会社の概要及び経歴書
　　(3)　収支決算書（過去3年分）
　　(4)　会社案内（パンフレット等）　　11部

参考資料1　市の開発費助成申請書の例

（様式第1号－別紙1）

事　業　計　画　書

企業名　　　　　　　　　　　

研究開発テーマ	（事業内容を簡潔に表現するテーマを記入）
研究開発の目的	（目的及び研究開発の必要性を記入）
研究開発の課題	（研究開発課題を明確に記入）
研究開発の内容及び規模	（研究開発の内容及び規模について明確に記入）
成果の企業化又は適用の効果	（事業実施による新規市場性、生産性向上、コスト低減等の効果を記入）
研究開発の実施地	
主任研究者	（主任研究者の職・氏名を記入）
他からの指導者又は協力者	（他からの指導者等がある場合は、承諾書を添付の上その職・氏名を記入）
補助金の交付を受けた実績	（今回の申請に関連して既に交付を受けた、又は現在申請中の他の補助金があれば記入）
事業日程	開始予定　　年　　月　　日　（開始予定日は、6月1日以降としてください。また、事業は決定通知以降開始してください。） 完了予定　　年　　月　　日

※　いずれも簡潔明瞭に記載し、1枚とすること。

参考資料1　市の開発費助成申請書の例

（様式第1号－別紙2）

補　助　事　業　内　容　説　明　書

1　申請者の概要
(1)　所在地
(2)　資本金の額
(3)　従業員数
(4)　事業の内容
　　ア　主な事業
　　イ　主たる生産品目
　　ウ　年間生産額
　　エ　年間生産額に占める自動車関連生産額の割合（自動車関連企業等の場合のみ）

2　研究開発組織
(1)　研究開発組織の概要（組織名、研究体制等）
(2)　主任研究者の職・氏名
(3)　研究担当者の職・氏名
(4)　他からの指導者・協力者の職・氏名

3　研究開発の説明
(1)　研究開発の必要な理由
(2)　現在まで行われている基礎となる研究開発
　　ア　研究項目
　　イ　研究内容
　　ウ　所要経費
　　エ　研究成果
(3)　研究開発の全体計画（複数年度にわたり研究開発を継続する場合のみ）
　　年度毎の事業計画、収支予算、スケジュール、既に補助金を受けて一部研究開発が終了している場合は、その結果等を記入
(4)　平成11年度に実施しようとする研究開発の内容、方法及び規模等
　　ア　研究項目
　　イ　研究内容及び方法
　　ウ　研究規模
　　エ　研究実施場所
　　オ　技術指導の内容
　　カ　工業所有権の導入
　　キ　研究開発のスケジュール（項目別・月毎）
　　ク　関連特許（国際特許分類、タイトル、出願通知番号）
(5)　試作品の設計製作
(6)　研究開発成果の企業化又は適用の効果
　　ア　成果目標
　　イ　成果の利用及び企業化
(7)　内外技術との相違及び内外特許との関係

※　いずれも箇条書きとし、簡潔明瞭かつ詳細に記載すること（A4版）（枚数等不問）。

参考資料1　市の開発費助成申請書の例

(様式第1号－別紙3)

収　支　予　算　書

企業名　_____
補助金交付申請額　_____千円

1　収入　(千円)

区　分	金　額	説　　明
自 己 資 金		
借 入 金		
補 助 金		
そ の 他		
合 計		

2　支出　(千円)

区　分	金　額	説　　明
原 材 料 費		
構 築 物 費		
機 械 装 備 費		
外 注 加 工 費		
技 術 指 導 経 費		
直 接 人 件 費		
その他の経費		
合 計		

注1　この収支予算書は今回の申請案件に係る研究開発予算を記入すること。
　2　支出の説明欄で費途の明細を記載すること。
　3　支出の区分は要綱第2条に定める分類により記入すること。

参考資料1　市の開発費助成申請書の例

（様式第1号－別紙4）

研 究 体 制 ・ 研 究 者 の 研 究 実 績 等

企業名　_____

役　職　名	氏名（生年月）	専門分野	経　　歴	研 究 実 績 等

＊研究体制に、大学等他の機関の者を加える場合には、承諾書を添付してください。

参 考 資 料 2

県の開発費助成等事業申請書の例

平成12年度広島県開発費助成補助事業計画書
平成13年度広島県融合化開発促進事業補助事業計画書
平成13年度広島県集積技術高度化補助金要望書

参考資料2　県の開発費助成等事業申請書の例

平成　年　月　日

広島県知事殿

　　　　　　　　　　　　　　　申請者住所　（本社・所在地・郵便番号）
　　　　　　　　　　　　　　　氏　　　名　（名称及び代表者の氏名）　　　　㊞
　　　　　　　　　　　　　　　連絡担当者　（職名及氏名）
　　　　　　　　　　　　　　　電話番号
　　　　　　　　　　　　　　　FAX番号

　平成12年度の開発費助成（商品試作枠・試作開発枠）を受けたいので次のとおり補助事業計画書を提出します。

1　補助事業の目的及び内容
　　別紙補助事業内容説明書のとおり。

2　補助事業に要する経費及び補助金交付希望額
　(1)　補助事業に要する経費　　　　　　　円
　(2)　補助金交付希望額　　　　　　　　　円

3　添付書類
　○　会社の概要及び経歴
　○　定款（個人の場合，住民票）
　○　収支決算書等（最近の3期分）
　　　（創業3年未満の場合は，創業期から直近までの収支決算書等）
　○　中小企業創造活動促進法の認定企業は，その認定を受けている研究開発等事業計画の写し
　○　中小企業創造活動促進法の認定を予定している者については，その研究開発等事業計画認定申請書

　　　用紙の大きさは，日本工業規格A列4縦とし，1枚に記載して下さい。

参考資料2　県の開発費助成等事業申請書の例

別紙

補助事業内容説明書

1　申請者の概要

名　称 (フリガナ)				創業・設立	年　月設立
会　社所在地				資本金	千円
				従業員	人
業　種					

売上構成	主な製品名	年間生産額	主な販売先	会社名	主な仕入先	会社名

会社沿革
①設立・創業経緯及び創業後の経緯
②事業の内容（企業の強み・技術基盤等）

現有施設	土地				
		※2箇所以上にわたる場合は所在地別に面積を記載して下さい。			
	建物	用　途	床面積	建物の種類	
		※本社，工場，その他の区分により建物の種類別に床面積を記載して下さい。			
	主要設備	機械又は装置	数量	用　途	備　考

過去に受けた補助金・助成金				
時　期	対象事業		交付機関・制度	金　額

2 開発組織

(1) 主任研究者の職名・氏名及び略歴並びに補助事業の経理担当者の職名・氏名

区　　分	職　　名	氏　　名	略　　　歴
主任研究者			
経理担当者			

(2) 研究担当者の氏名及び職名

区　　分	職　　名	氏　　名
研究担当者		

(3) 他からの指導者又は，協力者

　　※協力者の所属，氏名及び職名並びに指導又は協力して研究する事項を記入して下さい。

3 開発の説明

(1) 現在まで行われている基礎となる研究（導入技術を含む。）

項　　目	内　　　　　容
研究題目	※研究開発題目（テーマ）を記入して下さい。
研究内容	※どのような内容の研究を行ったのか，研究項目をあげて項目ごとに説明 　して下さい。
研究期間	年　　月　～　年　　月
実施地	※所在地等を記入して下さい。
所要経費	約　　　　　　千円
研究担当者	※研究担当者の職名・氏名を記入して下さい。
研究の成果	※研究開発の基礎となる研究，又は導入技術の実績について記載して下さ 　い。 （図表，図面，数値等を用いて具体的に説明する。）

参考資料2　県の開発費助成等事業申請書の例

(2) 今回行おうとする研究開発の規模及び方法

項　目	内　容
研 究 題 目	※研究開発題目（テーマ）を記入して下さい。
研究の実施場所	※実施場所が2箇所以上ある場合は、全て記入し、主たる実施場所を明確にする。また、実施場所が自社所有地以外の場合は、その会社等との関係を明らかにして下さい。
研究開発の目　的	※研究開発の目的及びなぜこの研究開発を必要とするのかという理由を記入して下さい。 ＜記載のポイント＞ ・従来の製品や生産工程はどのようなものか説明して下さい。 ・従来の製品や生産工程の技術的、経済的な問題点、課題はどこにあるのかを具体的事例や数値を用いて説明して下さい。 ・本研究（試作）により従来のものの問題点等をどのように改善できるか、数値などを用いて説明して下さい。 ・なぜ新技術、新製品についての開発のために本研究（試作）が必要か、その理由を記載して下さい。
研 究 項 目	※どのような項目について研究するのか箇条書に記入して下さい。
研究の内容及び方法	※各研究項目毎に、 ①どのような内容をどのような方法で研究するのか記入して下さい。 ②どのような機械設備及び材料を使用して研究するのか記入して下さい。 ※仕様書、図面〔三面図、見取図〕等を添付して下さい。 （できるだけ内容、原理等がわかる程度に簡略化しA4版に縮小したものを添付して下さい。
研 究 規 模	※試作数量、反応容量等の規模の他、研究計画上の大きさ、例えば反応の回数等についても記載して下さい。
研究規模の理由	※試作数量、反応容量等の規模がなぜこの程度必要なのか、その理由を記載して下さい。
技術指導の内容	※工業所有権の使用等に係る技術指導を受ける場合は、指導を受ける研究項目及び指導を受ける内容を記載して下さい。
工業所有権の導入	※工業所有権の導入がある場合には、導入の役割及びその内容について記載して下さい。

☆　事業の審査を行う上で重要なところです。詳細に記載して下さい。

【研究日程表】　　　　　　　　　　　　　　　　　　　　　　　　　　（記入例）

研　究　項　目／月	6	7	8	9	10	11	12	1	2	3
設　計										
発注・納品										
試作品制作										
性能評価										
まとめ										

※研究開発項目毎に概ね補助金交付決定以降の日程となるように記入して下さい。
補助対象の期間となる平成12年度（平成13年3月まで）を記入して下さい。

(3) 開発成果の企業化又は適用の効果

> ① 成果の目標
>
> ※この研究が終了した時点において期待する成果の目標を技術的目標及び経済的目標に分けて数値等で具体的に説明して下さい。
>
> ② 成果の利用及び企業化
>
> ※この研究（試作）の成果を企業化したときどのようなメリットを狙っているかを，製品の高付加価値化，不良率の減少，能率の向上，コストの低減等から出荷額を勘案して，企業化の規模等具体的数値を入れて記入して下さい。

(4) 内外技術との相違及び内外特許との関係

> ※この研究開発と類似する内外の技術との相違点あるいは関連する内外特許の存在状況を含めて記載して下さい。

☆補助金の申請にあたっては類似技術についての調査が十分に行われている必要があります。

4　研究開発の資金計画

(1) 資金調達内訳

区　　　　分	金　額　(円)	資　金　の　調　達　先
自　己　資　金		
借　入　金		
補　助　金		
そ　の　他		
研究開発費の総額 ※		

＊資金支出合計と同額となるよう記入して下さい。

(2) 資金支出内訳（記載例p.21を参考にして下さい。）

(単位：円)

区　分	種別	仕様	単位	数量	単価	補助事業に要する経費	補助対象経費	補助金交付申請額	備考
原材料費									
	計								
構築物費									
	計								
機械装置,工具器具費									
	計								
技術指導受入費									
	計								
外注加工費									
	計								
直接人件費		＊	試作開発枠は直接人件費は対象となりません						
	計								
その他									
	合計								

参考資料2 県の開発費助成等事業申請書の例

別添1

株 主 等 一 覧 表
（平成　年　月　日現在）

会社名　　　　　　　　　

（株　主）

株主氏名	住　所	持株数	比率	備　考

※　株主が法人の場合は，備考欄にその法人の資本金及び従業員数を記入して下さい。

（役　員）

役職名	氏　名	住　所	備　考

※　他社の役員を兼務している場合は，備考欄にその会社名，役職名を記入して下さい。

参考資料2　県の開発費助成等事業申請書の例

別添2

技 術 導 入 計 画 書

申請者住所

氏　　名

技術の提供者	住　所	
	氏　名	
技術の指導者	住　所	
	氏　名	
技術の種類及び名称（その種類，許可年月日及び許可番号を含む。）		
契　約（予　定）日		年　　月　　日
契　約　実　施　期　間 （始期及び終期）		年　　月　　日　から 年　　月　　日　まで
対価の支払額・方法及び期間	総額　　　　　　　　円 年　　月　　日　から 年　　月　　日　まで	
技　術　導　入　の　方　法		
技　術　の　概　要	（記入できなければ別紙に）	
当該研究における技術導入の役割		

（注）用紙の大きさは，日本工業規格A列4縦とし，1枚に記載すること。

☆　技術受入導入費を補助対象として希望する場合、添付して下さい。

参考資料2　県の開発費助成等事業申請書の例

様　式

平成　　年　　月　　日

広　島　県　知　事　様

　　　　　　　　　　　　　　　申請者住所
　　　　　　　　　　　　　　　名称及び
　　　　　　　　　　　　　　　代表者氏名　　　　　　　　　　印

　広島県融合化開発促進事業費補助金の交付を受けたいので，次のとおり補助事業計画書を提出します。

1　補助事業の目的及び内容
　　別紙補助事業内容説明書のとおり。

2　補助事業に要する経費及び補助金交付希望額
　　（1）補助事業に要する経費　　　　　　　円
　　（2）補助金交付希望額　　　　　　　　　円

3　添付書類
　　○　組合員名簿及び役員名簿
　　○　定款
　　○　事業報告書及び収支決算書等（最近の2期分）
　　　　　（設立2年未満の場合は，設立期から直近のもの）
　　○　中小企業創造活動促進法の認定組合は，その認定を受けている研究開発等事業計画の写し
　　○　中小企業創造活動促進法の認定を予定している組合については，その研究開発等事業計画認定申請書
　　○　継続して補助事業を希望する組合は，前年度までの研究開発内容，成果がわかる資料

　　　　　　　　　　　　　　　担当者　　（職名・氏名，電話番号，FAX番号）

　用紙の大きさは，日本工業規格A列4縦とし，1枚に記載してください。

参考資料2 県の開発費助成等事業申請書の例

別 紙

補 助 事 業 内 容 説 明 書

1 申請者の概要

フリガナ		フリガナ	
組 合 名		代表者名	
組 合 所 在 地		出 資 金	千円
組合の略歴	設立年月日　平成　年　月　日 （その後，組合員の加入，脱退等があれば記入してください。）		

組合の沿革
①設立の経緯
②事業の内容

組合の売上構成			
主な製品名	年間生産額	主な販売先	主な仕入先

組合の現有施設
土　地　※2箇所以上にわたる場合は所在地別に面積を記載してください。
建　物　※本社，工場，その他の区分により，建物の種類別に床面積を記載してください。

主要設備	機械又は装置	数 量	用 途	備 考
				補助金で調達したものは，その旨記載してください。

2 開発組織

（1）主任研究者の職名・氏名及び略歴並びに研究担当者の職名・氏名

区　　分	職　　名	氏　　名	略　　　　歴
主任研究者			
研究担当者			

（2）経理担当者の職名・氏名

（3）外部からの指導者又は協力者

　　※外部の者に指導又は協力を依頼する場合に，その所属，職名，氏名並びに指導又は協力を受ける事項を記入してください。

3 開発の説明

（1）現在まで行われている基礎となる研究

項　　　目	内　　　　　　　　　　容
研　究　題　目	※研究題目（テーマ）を記入してください。
研　究　内　容	※どのような内容の研究を行ったのか，研究項目をあげて項目ごとに説明してください。
研　究　期　間	年　　　月　～　　　年　　　月
実　施　場　所	※所在地等を記入してください。
所　要　経　費	約　　　　　　　　千円
研　究　担　当　者	※研究担当者の職名・氏名を記入してください。
研　究　の　成　果	※図表，図面，数値等を用いて具体的に説明してください。

☆組合の構成員である企業でされている場合はその旨記載してください。

(2) 今回行おうとする研究開発等の規模及び方法

項　　目	内　　　　　　容
研　究　題　目	※研究開発内容を表現するような適切な名称を記入してください。
研究の実施場所	※実施場所の名称，所在地，電話番号を記載してください。 ※2箇所以上に分かれるときはいずれも記載し，主な実施場所を明確にしてください。
研究開発の目的	※研究開発の目的及びこの研究開発を必要とする理由について記入してください。 ＜記載のポイント＞ ・なぜ新技術，新製品開発のための研究開発をするかなど，その研究開発の必要な理由を記載してください。 ・この研究開発と類似する内外の技術との相違点あるいは関連する内外特許等の存在状況を記載してください。 ・従来の製品や技術はどのようなものか説明してください。 ・従来の製品や技術の問題点，課題はどこにあるのかを具体的に説明してください。 ・本事業により従来のものの問題点等をどのように改善できるのか数値などを用いて説明してください。
研　究　項　目	※どのような項目について研究するのか箇条書に記入してください。
研究の内容 及び方法	※各研究項目ごとに ①どのような内容をどのような方法で研究するのか記入してください。 ②どのような設備及び材料を使用して研究するのか記入してください。 ※仕様書，図面（3面図，見取図）等を添付してください。
開発の規模	※試作品をどれだけの数量製作するのか，その規模及びその数量を選んだ理由等について記載してください。
技術指導の内容	※外部からの技術指導を特に必要とする場合は，指導を受ける研究項目及び指導を受ける内容を記載してください。
需要開拓について	※どのような需要開拓をされるのか具体的に記入してください。
成果の企業化又は適用の効果	※現在想定している企業化・製品化の内容，市場のニーズ，売上目標などの概要，及び開発成果がどのように製品の品質・性能向上に役立つか等について，数値などを用いて具体的に記載してください。
補助金の交付を受けた実績	※今までに補助金の交付を受けたことがある場合，現在申請中の他の補助金がある場合には，その名称，交付者，金額及び交付年月日並びに申請年月日を記載してください。

(3) 事業実施スケジュール

事　業　項　目	5	6	7	8	9	10	11	12	1	2	3

※研究開発項目毎に補助金交付決定以降の日程となるように記入してください。

参考資料2　県の開発費助成等事業申請書の例

4　事業の資金計画

(1) 資金調達内訳

区　　　分	金　　額（円）	資金の調達先
自　己　資　金		（各企業の経費の分担を記入してください。）
借　　入　　金		
補　　助　　金		
そ　の　他		
研究開発費の総額　※		

※資金支出合計と同額となるように記入してください。

(2) 資金支出内訳

（単位：円）

補助事業	経費区分	種別	仕様	単位	数量	単価	開発事業に要する全経費	補助事業に要する経費	補助金交付申請額	備考
研究開発事業	謝金									
	旅費									
	事務庁費									
	原材料費									
	構築物費									
	機械装置・工具器具費									
	外注加工費									
	委託費									
	小　　計									
需要開拓事業	謝金									
	旅費									
	事務庁費									
	会場設営・運営費									
	広告宣伝費									
	委託費									
	小　　計									
合　　計										

《資金支出内訳記載における注意事項》

1. 「種別」とは，原材料，構築物，機械装置等の品名など経費の内容がわかるよう，具体的名称を記入します。
2. 「仕様」とは，それぞれの形式，性能，構造など「種別」の内容を補足する項目をいいます。
3. 「単位」とは，それぞれの「単価」に対応する，kg，式，台，件などの算出単位をいいます。
4. 「開発事業に要する全経費」とは，この補助事業の実施に必要な経費をいい，「数量」に「単価」を乗じた金額に消費税及び地方消費税を加算した金額を記入します。（国及び県からの補助金を含む。）
5. 「補助事業に要する経費」とは，「開発事業に要する全経費」のうち，補助金交付の対象となる経費をいいます。
6. 「補助金交付申請額」は，「補助事業に要する経費」の2／3以内（千円未満切り捨て。）でその総額が補助金交付限度額を超えないものをいいます。
7. 備考欄には，物件の購入先を記入してください。なお，借用，修繕の場合はその別も記載してください。

組合員名簿

組合員名	役割	項目	内容
		郵便番号 住所 電話番号 FAX番号	
		代表者の氏名 役職	
		業種	(　　　)
		資本金	
		従業員数	
		担当部門	
		郵便番号 住所 電話番号 FAX番号	
		代表者の氏名 役職	
		業種	(　　　)
		資本金	
		従業員数	
		担当部門	
		郵便番号 住所 電話番号 FAX番号	
		代表者の氏名 役職	
		業種	(　　　)
		資本金	
		従業員数	
		担当部門	
		郵便番号 住所 電話番号 FAX番号	
		代表者の氏名 役職	
		業種	(　　　)
		資本金	
		従業員数	
		担当部門	

※業種は日本標準産業分類の4桁分類，担当部門は具体的に記入してください．

参考資料2　県の開発費助成等事業申請書の例

様　式

平成　年　月　日

広島県知事　様

提出者　住所　（法人は本社等の所在地，郵便番号）

氏名　（法人は名称，代表者の役職・氏名，代表者印）　㊞

平成　　年度広島県集積技術高度化補助金要望書

この補助金の交付の要望しますので，次のとおりその計画書を提出します。

1　補助事業計画　　別紙1「補助事業計画書」のとおり

2　補助事業に要する経費及び補助金交付希望額　　（単位：円）
　　（1）　補助対象経費
　　（2）　補助金交付希望額

3　補助事業の経費の配分
　　別紙2「補助事業経費の配分表」のとおり

4　添付書類
　　（1）　要望者の概要・経歴書（すでにある会社概要パンフレット等でもよい）
　　（2）　収支決算書等
　　　　　（最近3年間の経理状況がわかるもの。創業3年未満の場合は創業以降の全部）
　　（3）　開発事業全体の計画書
　　　　　（すでに独自で実施している市場調査，基礎研究などから，企業化までの全体計画）
　　（4）　定款（個人の場合は住民票）

担当者　　（職名・氏名，電話番号，FAX番号）

〔記入上の注意〕
　　用紙サイズはA4とする（別紙を含む）。

様式の別紙1

補助事業計画書

開発テーマ名	※開発する技術内容を具体的に表現すること。		
申請者名	※代表者の職氏名，所在地，郵便番号，電話番号，FAX番号も記載すること。		
資本金・出資金	千円	従業員数	人
開発の実施場所	※実施場所の名称，所在地，電話番号を記載すること。 ※2か所以上ある場合は，そのすべてについて記載し，さらにその中でどこが主な実施場所であるかを示すこと。		
主任研究者	※所属，職名，氏名，技術に関する主な履歴・実績		
その他の研究者	※所属，職名，氏名		
経理担当者	※所属，職名，氏名		
外部からの指導者又は協力者	※外部の者に指導又は協力を依頼する場合に，その所属，職名，氏名，専門とする技術等を記載すること。		
開発の目的	※開発の目的，必要性，背景，ニーズなど。		
開発の内容及び規模	※この補助事業で行う開発の技術的内容，スケジュール，規模，成果目標，既存の類似技術（自ら保有する技術を含む）との相違点，独自性，新規性などについて，数値などを用いて具体的に記載すること。		
成果の企業化又は適用の効果	※現在想定している企業化・製品化の内容，市場のニーズ，売上目標などの概要，及び開発成果がどのように製造工程の合理化，製品の品質・性能向上に役立つか等について，数値などを用いて具体的に記載すること。		
補助金の交付を受けた実績	※補助金の交付を過去に受けたことがある，又は，現在申請中である場合は，その補助金の名称，交付者名，金額，交付年月日，開発テーマ名を記載すること。		
開発の日程	開始予定　交付決定日　　完了予定　平成　年　月　日		

様式の別紙2

補助事業の経費の配分表

1　総括表

(単位：円)

事業区分	経費区分	補助事業に要する経費	補助対象経費	補助金交付要望額	備考
調査・分析事業	謝金				
	旅費				
	事務費				
	委託費				
	小計				
研究開発事業	謝金				
	旅費				
	事務費				
	原材料費				
	構築物費				
	機械装置・工具器具費				
	外注加工費				
	委託費				
	小計				
需要開拓事業	謝金				
	旅費				
	事務費				
	会場設営・運営費				
	広報宣伝費				
	委託費				
	小計				
合計					

2　経費明細表

① 調査・分析事業

(単位：円)

経費区分	種　別	仕　様	単位	数量	単　価	補助事業に要する経費	補助対象経費	備　考
謝金								
	小計							
旅費								
	小計							
事務費								
	小計							
委託費								
	小計							
		合計						

② 研究開発事業

(単位：円)

経費区分	種　別	仕　様	単位	数量	単　価	補助事業に要する経費	補助対象経費	備　考
謝金								
	小計							
旅費								
	小計							
事務費								
	小計							
原材料費								
	小計							
構築物費								
	小計							
機械装置・工具器具費								
	小計							
外注加工費								
	小計							
委託費								
	小計							
		合計						

③ 需要開拓事業

(単位：円)

経費区分	種別	仕様	単位	数量	単価	補助事業に要する経費	補助対象経費	備考
謝金								
	小計							
旅費								
	小計							
事務費								
	小計							
会場設営・運営費								
	小計							
広報宣伝費								
	小計							
委託費								
	小計							
合計								

参考資料2　県の開発費助成等事業申請書の例

〔別紙2の記入上の注意〕

1　「総括表」と「経費明細表」の各経費区分の金額は一致するように記入します。

2　「種別」とは，経費の原材料，構築物，機械装置等の品名，旅費，謝金等の目的など，経費の内容がわかるよう，具体的名称をいいます。

3　「仕様」とは，それぞれの形式，性能，構造など「種別」の内容を補足する項目をいいます。

4　「単位」とは，それぞれの「単価」に対応する，ｋｇ，リットル，式，台，件などの算出単位をいいます。

5　「補助事業に要する経費」とは，この補助事業の実施に必要な経費をいい，「数量」に「単価」を乗じた金額を記入します。

6　「補助対象経費」とは，「補助事業に要する経費」のうち，別表に記載された補助金交付の対象となる経費をいいます。

7　「補助金交付要望額」とは，「補助対象経費」のうち，補助金の交付を希望する金額をいいます。その限度額は，各経費区分について「補助対象経費」に補助率を乗じた金額で，かつ，その総額が補助金交付限度額を超えないものをいいます。

8　「経費明細表」の構築物，機械装置，工具器具などについては，購入以外の場合には，**建造，試作，改良，据え付け，借用，修繕**の別を備考欄に記入します。

9　「経費明細表」のうち，事業を行わない事業区分については削除してもかまいません。

参 考 資 料 3

経済産業局の創造技術研究開発費補助事業計画書の例

平成13年度経済産業局の創造技術研究開発計画書からの抜粋

Ⅲ 計画書の様式及び記載要領

（創造技術研究開発計画書の様式）

平成　年　月　日

〇〇〇〇〇〇局長　殿

申請者住所（郵便番号・本社所在地）

申請者氏名（名称及び代表者の氏名）　　印

連絡担当者（職名及び氏名）

電話番号

ＦＡＸ

Ｅ-ｍａｉｌ

平成１３年度創造技術研究開発計画書

　創造技術研究開発費補助金の交付を受けたいので、別紙１補助事業計画書及び別紙２補助事業に係る内容説明書を提出します。

（注）1. 用紙はＡ４を使用してください（縦置き）。

　　　2. 直接人件費の申請を行う中小企業者は、別紙３として「研究開発型中小企業者である旨の説明書」を添付し、上記申請文を「創造技術研究開発費補助金の交付を受けたいので、別紙１補助事業計画書及び別紙２補助事業に係る内容説明書並びに別紙３研究開発型中小企業者である旨の説明書を提出します。」として下さい。

別紙 1

補 助 事 業 計 画 書

研 究 開 発 題 目	技術又は試作内容を具体的に表現するような適切な名称を記入して下さい。					
補 助 事 業 の 種 類	「技術研究」又は「試作」のいずれかを記入して下さい。　　　　　　　　（注1）					
申　　請　　者	名称 電話（　　　　　） FAX（　　　　　） ﾎｰﾑﾍﾟｰｼﾞｱﾄﾞﾚｽ （　　　　　）	資本金 出資金	千円	従業員数	人	
研究開発の実施場所	2カ所以上に分れるときは、いずれも記載し、主たる実施場所を明らかにしてください。					
研 究 開 発 の 目 的	研究開発の目的及びなぜこの研究開発を必要とするのかという理由を簡潔かつ明瞭に記載してください。					
研究開発の内容及び規模	研究開発内容、規模について簡潔かつ明瞭に記載してください。					
成果の企業化又は適用の効果	どの程度製造工程の合理化、製品の品質向上となるか等できるだけ具体的数字によって記載してください。					
研 究 開 発 の 日 程	開始予定　平成　　年　交付決定日以降 完了予定　平成　　年　月　日					
研 究 開 発 費	補助事業に要する経費　　　　円　〔補助金交付申請予定額　　　　円〕					

（注1）「試作」とは、補助事業者が補助事業によって販売を目的に新製品を試作する研究開発をいい、その他の場合、例えば自社の工程上で使用するために高性能機械を試作する等、実質的には試作する場合であっても、販売を目的としない研究開発を「技術研究」といいます。

別紙 2

補助事業に係る内容説明書

1. 申請者の概要
   (1) 事業の内容 　営んでいる主な事業及び主たる生産品目名、株主等一覧（別添1）、経営状況（別添2）、年間生産額等を記載してください。なお、パンフレットの添付によって代替することもできます。

   (2) 現有施設
   　　イ　土　　地　　〔2以上にわたる場合は所在地別に面積を記載してください。〕
   　　ロ　建　　物　　本社、工場、その他の区分により、建物の種類別に床面積を記載してください。
   　　ハ　主要設備　　主要設備別にその名称、数、用途を次の様式にそって記載してください。なお、設備台帳の写しを添付することによって代替することもできます。

機械又は装置	数	用　　途	備　考

   (3) 申請者の略歴 　会社又は、団体の沿革を記載してください。なお、パンフレットの添付によって代替することもできます。

2. 研究開発の概要
   (1) 主任研究者の氏名及び略歴並びに研究開発に従事する人員数
   (2) 他からの指導者又は協力者
   　　申請に係る研究開発を遂行するに当たり、公設試験研究機関等他からの協力者がある場合は、その協力者の所属、氏名、職名並びに指導又は協力を受ける事項を記載してください。
   (3) 研究開発の必要な理由
   　　なぜ新技術・新製品開発のための研究開発をするかなどその研究開発の必要な理由を記載してください。この研究開発と類似する内外の技術との相違点あるいは関連する内外特許等の存在状況を含めて記載してください。

(4) 研究開発の内容及び規模
　イ．現在まで行われている基礎となる研究（導入技術を含む。）
　　この研究開発の基礎となる研究の実績又は導入技術の内容について研究項目、研究期間、研究の実施場所、所要経費、研究担当者及びその成果について記載してください。導入技術については当該技術の所有権についても記載してください。
　ロ．今後行おうとする研究開発の規模及び方法
　　この研究開発に使用しようとする設備及び材料等を明らかにするとともに、研究方法、研究日程、成果の目標、研究開発の内容等がはっきり判るように詳細に記載してください。また、どの程度の規模で行うか、試作品をどれだけの数量製作するか、その規模又は数量を選んだ理由等について記載してください。
　　なお、工業所有権の導入及び有償の技術指導がある場合は、その役割及び指導内容を記載してください。
　　試作機械又は試作品の仕様書、図面（三面図、見取図）を必ず添付してください。
　ハ．研究開発の委託の必要性等（中小企業者の団体が構成員に委託する場合のみ記入してください。）
　　研究開発の委託を行う団体は、全体計画の中での委託研究の位置づけ、及び委託の必要性を記載してください。また、別添として研究開発委託先の概要、構成員であることの証明書等を添付してください。

(5) 研究開発の資金計画
　イ．資金調達内訳

区　　　　分	金　額　（円）	資金の調達先
自　己　資　金		
借　　入　　金		
補　　助　　金		
そ　　の　　他		
補助事業に要する経費の合計額		

参考資料3 経済産業局の創造技術研究開発費補助事業計画書の例

ロ．資金支出内訳

区　分	(注1)種別	(注2)仕様	(注3)単位	数量	単価(円)	(注4)補助事業に要する経費(円)	(注5)補助対象経費(円)	(注6)補助金交付申請額(円)	備　考
原材料費									
計									
(注7)構築物費									
計									
(注7)機械装置・工具器具費									
計									
外注加工費									
計									
(注8)技術指導受入れ費									
計									
(注9)研究開発委託費									
計									
(注10)直接人件費									
計									
その他									
計									
合計									

ハ．補助事業の経理担当者

3．研究開発の成果の企業化又は適用の効果

　　どのような成果を目標とするか、成果の適用によりどの程度合理化できるかについて、不良率の減少、能率の向上、コストの低減等できるだけ具体的数字によって記載して下さい。

4．補助金の交付を受けた実績等

　　この申請に関連して今までに補助金の交付を受けたことがある場合、現在申請中の他の補助金がある場合には、その補助金名、テーマ名、交付者、金額、簡単な概要及び交付年月日並びに申請年月日（予定も含む）を記載してください。

別紙 3 （研究開発型中小企業者）

研究開発型中小企業者である旨の説明書

（決算期が1年であるときは過去2期、半年であるときは過去3期にわたり、売上高に対する研究開発費の比率を積算し記入してください。）

売上高研究開発費比率の計算書

項目	期別	年　月〜 年　月期	年　月〜 年　月期	年　月〜 年　月期
売　　上　　高		千円	千円	千円
研究開発費	人　件　費	千円	千円	千円
	原　材　料　費	千円	千円	千円
	有形固定資産の減価償却費	千円	千円	千円
	外部委託研究費	千円	千円	千円
	その他の経費	千円	千円	千円
	小　　　　計	千円	千円	千円
研究開発費 ／ 売上高		％	％	％

【注意】
1．採択され交付申請書を提出するときには、公認会計士、税理士又は中小企業診断士の証明が必要です。
2．本計算書の研究開発費の経理区分は、「別紙3を記載する上での注意事項」の区分に従って下さい。

参考資料3　経済産業局の創造技術研究開発費補助事業計画書の例

別添 1

株　主　等　一　覧　表

（平成　年　月　日現在）

会社名 ＿＿＿＿＿＿＿＿＿＿

（株　主　等）

株　主　名 出　資　者　名	住　　所	持株数 出資価額	比　率	備　考

【注意】1. 株主、出資者が法人の場合は、備考欄にその法人の資本金及び従業員数を記載してください。

2. 特定ベンチャーキャピタル（ベンチャー財団と基本約定書を締結したベンチャーキャピタル）が投資した場合は備考欄に記入して下さい。

（役　　員）

役　職　名	氏　　名	住　　　所	備　　考

【注意】　他社の役員又は職員を兼務している場合は、備考欄にその会社名、資本金、従業員及びその会社での役職名を記入して下さい。

参考資料3 経済産業局の創造技術研究開発費補助事業計画書の例

別添2

経営状況表

会社名 _____

（単位：千円）

項目＼期別	第　期 年　月　日から 年　月　日	第　期 年　月　日から 年　月　日
売　上　高　A		
経　常　利　益　B		
総　資　本　C		
自　己　資　本　D		
流　動　資　産　E		
流　動　負　債　F		
総資本経常利益率 $\dfrac{B \times 100}{C}$		
売上高経常利益率 $\dfrac{B \times 100}{A}$		
自　己　資　本　比　率 $\dfrac{D \times 100}{C}$		
流　動　比　率 $\dfrac{E \times 100}{F}$		

※　本資料は、過去2期又は3期（決算期間が1年であるときは2期、半年であるときは3期とする。）の財務諸表により作成してください。
※　金額は、百円の位を四捨五入して千円単位で記入してください。率は、小数第2位を四捨五入して小数第1位まで記入してください。
※　貸借対照表、損益計算書を添付してください。

参考資料3 経済産業局の創造技術研究開発費補助事業計画書の例　**135**

別添 3

技 術 導 入 計 画 書

申請者住所

氏名

技術の提供者	住所	
	氏名	
技術の指導者	住所	
	氏名	（略歴別紙）
技術の種類及び名称 　工業所有権の場合は、 　その種類、許可年月日、 　許可番号を含む。		
契　約　（　予　定　）　日		（交付決定日以降）
契　約　実　施　期　間 　（始期及び終期）		（交付決定日以降～年度内）
対価の支払額方法及び期日		
技　術　導　入　の　方　法		
技　術　の　概　要		（記入できなければ別紙に）
当該研究開発における 技　術　導　入　の　役　割		

※　用紙のサイズはＡ４（縦置き）とし、１枚に記入してください。

Ⅳ 記 載 例

平成　年　月　日

提出する月日を記入する

〇〇〇〇〇〇局長　殿

申請者住所　〒100-8133
　　　　　　東京都千代田区〇〇〇1-3-3

申請者氏名　〇〇〇〇株式会社
　　　　　　代表取締役　〇〇〇〇　代表者印

連絡担当者　職　　名　研究開発部長
　　　　　　氏　　名　〇　〇　〇　〇
　　　　　　電話番号　〇〇-〇〇〇〇-〇〇〇〇
　　　　　　ＦＡＸ
　　　　　　E-mail

平成１３年度創造技術研究開発計画書

　創造技術研究開発費補助金の交付を受けたいので、別紙1補助事業計画書及び別紙2補助事業に係る内容説明書を提出します。

※ 1. 用紙はＡ４を使用して下さい（縦置き）。

　　2. 直接人件費の申請を行う中小企業者は、別紙3として「研究開発型中小企業者である旨の説明書」を添付し、上記申請文を「創造技術研究開発費補助金の交付を受けたいので、別紙1補助事業計画書及び別紙2補助事業に係る内容説明書並びに別紙3研究開発型中小企業者である旨の説明書を提出します。」として下さい。

参考資料3　経済産業局の創造技術研究開発費補助事業計画書の例　**137**

別紙 1

補 助 事 業 計 画 書

研 究 開 発 題 目	複合材料のプレス成形法に関する研究
補助事業の種類	技術研究
申　請　者	○○○○株式会社　　　資本金　　　　　　　従業員数 代表取締役　○○○○　　　　　43,000千円　　　　　130人 電話　(00-0000-0000)　出資金 fax　(00-0000-0000) ホームページアドレス (http://www.000.co.jp)
研究開発の実施場所	(主) 東京都千代田区○○1-3-3 ○○工場内　★ 2ヶ所以上のときは、いずれ 　　　Tel 00-0000-0000　　　　　　　　　　　　も記入し、主たる実施場所を明 (従) 東京都田無市○○○　○○工場内　　　　らかにしてください。 　　　Tel 00-0000-0000　　　　　　　　　　　　(例えば(主)のマークをつける)
研究開発の目的	近年、複合材料が多様化されてきているが、その中でも自動車・家電分野ではとくに、プラスチックと金属の複合化により軽量化が図られてきているが、成形法が確立されていないため量産化できない現状である。 　本研究では、熱可塑性樹脂の板と金属板（微細孔のあるもの）をサンドイッチ構造として、プレス成形加工を行うための温度等について検討し、生産性の向上を図ることを目的としている。
研究開発の内容 及 び 規 模	熱可塑性樹脂としてABS樹脂を使用し、この樹脂板で細孔をあけた金属板をサンドイッチした状態で加熱、ロール圧着した後、熱間プレス成形を行う。 　本計画では、次の項目について研究し、量産化の条件を確立する。 1. 金属板の細孔の大きさと強度・圧着性の関係について 2. ロール成形及びプレス成形における温度、送り速度、荷重について 3. 細孔加工機、ロール加工機、温度制御金型の試作 4. 圧着からプレス成形までの一工程化するための自動制御装置の検討 5. 製品の強度等について 　製品規模は、細孔加工機1台、ロール加工機1台、温度制御金型3基を試作し実証テストを行う。それぞれの試作機は、実規模の1/20であり、プレス機については所有設備を使用する。
成果の企業化又は 適 用 の 効 果	材料の多様化にともない、高機能材料のニーズが高まっており、今回の成果により樹脂の機能を生かしてさらに高強度、耐衝撃性を高めた素材として活用でき、自動車、家電等の分野への販路が拡大できる。 　また、本研究の成果は生産性向上のための基礎として技術的な波及効果も期待している。
研究開発の日程	開始予定　　平成　　　年　交付決定日以降 完了予定　　平成　　　年　　月　　　日 ★この制度は単年度の補助ですから計画はその点に注意してください。
研 究 開 発 費	補助事業に要する経費の総額　63,848,450円　〔補助金交付申請予定額　16,484,500円〕 ★金額は別紙2の資金支出内訳の「補助事業に要する経費」と同じになるように記入してください。

(注意) 専門用語、略語等については、簡単な注釈を入れて下さい。

別紙 2

補助事業に係る内容説明書

1. 申請者の概要
 (1) 事業の内容　（パンフレットによる代替も可）

主 な 事 業	主たる生産品目	年間生産額
1. 工業用プラスチック製品製造	プラスチック成形品	840,000千円
2. 産業機械金属部品製造	金属プレス製品	250,000千円
3. 金 型 加 工	金 型 加 工	543,000千円
4. そ の 他	そ の 他	150,000千円

 (2) 現有施設
　イ　土　　地
　　　　本　　社　　　〇〇都〇〇区〇〇1-3-3　　　1,230m²
　　　　〇〇工場　　　〇〇市〇〇〇　　　　　　　　2,800m²
　ロ　建　　物

用　途	建 物 の 種 類	床 面 積
本社事務所	鉄骨造　　　2階建て	延　　300m²
本社工場 倉庫	〃	〃　2,500m²
〇〇工場 事務所	鉄骨コンクリート造　2階建て	〃　1,800m²
宿舎（〇〇工場内）	〃　　　4階建て	〃　3,200m²

ハ　主要設備　（設備台帳の写しでも可）

機械又は装置	数	用　途	備　考
プレス成形機	4	プラスチック製品製造用	○○工場
〃	2	金属製品製造用	△△工場
射出成形機	4	プラスチック製品製造用	○○工場
ＮＣ旋盤	2	金型加工用	△△工場
マシニングセンター	1	〃	〃
研磨機	2	〃	〃
放電加工機	2	〃	〃
その他の工作機械	8	〃	〃

(3) 申請者の略歴　（パンフレットの添付によって代替も可）

　　★会社の略歴を記入して下さい。

2．研究開発の概要

(1) 主任研究者の氏名及び略歴並びに研究開発に従事する人員数

　　主任研究者の氏名　　　○○　○○

　　主任研究者の略歴　　　昭和○○年○○月○○日生　満　○×歳

　　　　　　　　　　　　　昭和○△年　　○○○学校　化学科卒業

　　　　　　　　　　　　　同年　　　○○○○㈱　入社

　　　　　　　　　　　　　現在にいたる

　　研究開発に従事する人員数　　　4名

(2) 他からの指導者又は協力者

　　協力者の氏名　　　　　　　　　な　し

　　協力者の所属及び職名

　　指導又は協力を受ける事項

(3) 研究開発の必要な理由

記載のポイント（Ⅰ）
(イ) 従来の品物はどのような品物であって、どのような品質（性能、成分等）を有しており、どこで、どのように使用されているか説明してください。
(ロ) 従来の品物の技術的欠陥及び経済的欠陥はどこにあるのかなどを具体的事例や数値を用いて説明してください。
(ハ) 本研究開発による新技術等は、従来の製品の技術的及び経済的欠陥をどのように改善できるか、数値などを用いて具体的に説明してください。
(ニ) 新技術の開発を行うのに、なぜ本研究が必要なのか、その理由を説明してください。

記載のポイント（Ⅱ）
(イ) 従来の工程はどのような工程で、どのような技術を用いて、どのような製品をどのくらい製造しているのかなどを説明してください。
(ロ) 従来の工程のどこに、どのような技術的及び経済的欠陥があり、製品の品質や経済性にどのような影響を与えているかなどを具体的事例や数値を用いて説明してください。
(ハ) 本研究開発により、従来の工程がどのように改善できるか、数値などを用いて具体的に説明してください。
(ニ) 従来の工程の改善を行うのに、なぜ本研究開発が必要か、その理由を説明してください。

★記載に当たっての留意事項
　この研究開発と類似する内外の技術との相違点あるいは関連する内外特許等の存在状況を含めて記載してください。

(4) 研究開発の内容及び規模

イ．現在まで行われている基礎となる研究

記載のポイント
今後行おうとする研究開発の基礎となる研究の実績について
(イ) 研究題目
(ロ) 研究内容（どのような内容の研究を行ったのか、研究項目をあげて項目ごとに説明してください。）
(ハ) 研究の期間（いつからいつまでの間に行ったか説明してください。）
(ニ) 研究の実施場所及び研究担当者
(ホ) 所要経費（基礎研究に要した経費）
(ヘ) 研究の規模（基礎研究の規模を記載し、この規模で行われた理由を説明してください。）
(ト) 成果（基礎研究による成果を図表、写真、数値、図面等を用いて具体的に説明してください。）
(チ) 技術導入、研究協力の状況（技術導入については、当該技術の所有権者等について記載してください。また、大学や公設試からの技術協力の状況があれば、その内容についても記載してください。）

★記載にあたっての留意事項
　補助事業の交付にあたっては、基礎研究が十分に行われていなければなりません。説明不足にならないよう詳細に記載してください。

参考資料3　経済産業局の創造技術研究開発費補助事業計画書の例　**141**

ロ．今後行おうとする研究開発の規模及び方法
　★記載にあたっての留意事項
　　事業の審査を行う上で非常に重要なところです。詳細に記載してください。
　　また、試作機械又は試作品の仕様書、図面（三面図、見取図）を必ず添付してください。

記載のポイント
　今後行おうとする研究開発について
（イ）研究項目（どのような項目について研究するのか記載してください。）
　　（例）1．　～　の反応条件（温度、圧力）
　　　　　2．　～　の混合条件（比率、温度）
　　　　　3．　～　の添加条件（投入時間）
（ロ）研究内容及び方法（どのような内容をもった研究を、どのような方法で研究するのか。また、どのような設備及び材料を使用して研究するのかを（イ）の研究項目毎に詳細に記載して下さい。）
（ハ）研究規模（試作数量、反応容量等の規模のほか、研究計画上の大きさ、たとえば反応の回数などについても記載してください。）
（ニ）規模の理由（（ハ）の研究規模について、なぜこの規模で研究するのか、その理由を記載してください。）
（ホ）研究の実施場所（実施場所が2ヶ所以上ある場合は、すべて記載し、主たる実施場所を明確にする。また実施場所が、自社所有地以外の場合は、会社との関係を明らかにしてください。）
（ヘ）成果の目標（この研究が終了した時点において期待する成果の目標を技術的目標及び経済的目標に分けて数値等を用いて具体的に記載してください。）

（ト）研究日程表（次の様式により研究日程を記入する。）

研究項目等／月	0/4	5	6	7	8	9	10	11	12	0/1	2	3
設　　　計	←→											
発　注・納　入		←→										
研究項目の1の研究			←→									
研究項目の2の研究							←→					
研究項目の3の研究									←→			
ま　と　め												←

（チ）技術指導の内容（技術指導を受ける場合、指導を受ける研究項目及び指導を受ける内容を記載してください。）
（リ）工業所有権の導入（工業所有権の導入がある場合は、導入の役割及びその内容について記載してください。）

ハ．研究開発の委託の必要性等（中小企業者の団体が構成員に委託する場合のみ記入。）

　　＊　工業組合等の団体が補助事業を行う場合のみ記載し、委託研究の内容、必要性及び全体計画に対する位置づけを明確にしてください。また、委託先の概要及び構成員であることの証明を添付してください。

(5) 研究開発の資金計画

　イ．資金調達内訳

区　　　分	金　額（円）	資金の調達先
自　己　資　金	27,363,950	預貯金
借　入　金	20,000,000	○○○銀行　○○支店
補　助　金	16,484,500	○○経済産業局
そ　の　他		
補助事業に要する経費の合計額	63,848,450	

参考資料3 経済産業局の創造技術研究開発費補助事業計画書の例

ロ．資金支出内訳

区分	種別	仕様	単位	数量	単価(円)	補助事業に要する経費(円)	補助対象経費(円)	補助金交付申請額(円)	備考
原材料費	鋼材	JIS.G.3050SS45	kg	1000	750	787,500	750,000	375,000	購入 〇〇商店
	〃	JIS.G.3302S45C	〃	300	500	157,500	150,000	75,000	〃 〃
	〃	JIS.G.3103SKD61	〃	300	1,300	409,500	390,000	195,000	〃 〃
	銅パイプ	JIS.H.3303 C2600T(+8)	m	3	3,000	9,450	9,000	4,500	〃 〃
	ソレノイド	SL-〇〇〇	個	12	3,000	37,800	36,000	18,000	〃 〇〇電気
	シリンダー	CDQM xxx	〃	9	6,000	56,700	54,000	27,000	〃 〃
	薄板	△△材3m×20m	kg	300	900	283,500	270,000	135,000	〃 〇〇商店
	ABS樹脂	△種 1.5t	枚	30	6,000	189,000	180,000	90,000	〃 〇〇化学
	小計					1,930,950	1,839,000	919,500	
機械装置・工具器具費	制御装置(プレス機用)	〇〇社製 SL-3000	台	1	3,000,000	3,150,000	3,000,000	1,500,000	購入〇〇製作所
	〃(ロール加工機用)	〇〇社製 RM-135	〃	1	1,500,000	1,575,000	1,500,000	750,000	〃 〃
	〃(金型用)	〇〇社製 KL-100	〃	1	2,000,000	2,100,000	2,000,000	1,000,000	〃 〃
	パソコン	〇〇社製 PD-9800	〃	1	2,000,000	2,100,000	0	0	〃 〇〇商会
	プリンター	〇〇社製 PD-9900	〃	1	900,000	945,000	0	0	〃 〃
	操作盤	〇〇社製 QCS-35	〃	2	1,200,000	2,520,000	2,400,000	1,200,000	〃 〃
	油圧ユニット	〇〇社製 CK-10	基	1	5,000,000	5,250,000	5,000,000	2,500,000	〃 〃
	加熱炉	〇〇社製 KR-300 (100~800℃)	台	1	5,000,000	5,250,000	5,000,000	2,500,000	〃 〇〇工業
	冷却機	〇〇社製 TS-△△△	〃	1	100,000	105,000	100,000	50,000	借用
	万能試験機	〇〇社製 PS-△△△	台	1	150,000	157,500	150,000	75,000	〃
	硬度計	〇〇社製 K-△△△	〃	1	8,000,000	8,400,000	0	0	購入 〇〇計測
	分光光度計	〇〇社製 BK-△△△	〃	1	12,000,000	12,600,000	0	0	〃 〃
	顕微鏡	〇〇社製 CS-△△△	〃	1	5,000,000	5,250,000	0	0	〃 〃
	治具	金型加工用	台	1	1,500,000	1,575,000	1,500,000	750,000	購入〇〇鉄工所
	小計					50,977,500	20,650,000	10,325,000	
外注加工費	細孔加工機	本体	台	1	5,000,000	5,250,000	5,000,000	2,500,000	**工業
	ロール加工機	本体	〃	1	2,000,000	2,100,000	2,000,000	1,000,000	〃
	小計					7,350,000	7,000,000	3,500,000	
研究委託開発費	特殊金具	本体	台	1	1,000,000	1,050,000	1,000,000	500,000	△△工業 (注意)組合のみ P.15(注8)参照
	小計					1,000,000	1,050,000	1,000,000	500,000	
直接人件費	黒田 太郎	〇〇研究	時間	800	1,600	1,280,000	1,280,000	640,000	
	田中 二郎	△△試験	時間	600	2,100	1,260,000	1,200,000	600,000	
	小計					2,540,000	2,480,000	1,240,000	
	合計					63,848,450	32,969,000	16,484,500	

ハ．補助事業の経理担当者
　　職名及び氏名　　　経理部長　　〇〇　〇〇

3．研究開発の成果の企業化又は適用の効果

> ★記載にあたっての留意事項
>   この研究開発の成果を企業化したときどのようなメリットを狙っているか企業化する場合の規模を含めて具体的に記載して下さい。
>
> 記載のポイント（例）
> 「試作」
> ・企業化予定年度
> ・標的市場の規模及び当該製品に係る市場規模（根拠、参考文献）
> ・予想売上高等（積算根拠、理由）
> ・標的市場のどのようなニーズを満たすことが可能か
>
> 「技術研究」
> ・研究成果によりどのようなメリットが得られるか（不良の減少・能率の向上・省力化・コスト低減・品質向上等）
> ・工業所有権の取得の可能性

4．補助金の交付を受けた実績等

(1) 補助金交付実績
　　昭和○○年度技術改善費補助金　　　補助金交付金額　１１，９００千円
　　　テーマ名　「温度自動制御型金型の試作」　○○通商産業局
　　　簡単な概要（最大１０行程度）

(2) 申請中（予定も含む）の補助金等
　　平成１３年度○○○○○○補助金　　　補助金申請金額　　４，３００千円
　　　テーマ名　「極低温用高強度プラスチック製品の開発」　○○○県
　　　申請日　平成１３年○月○○日
　　　簡単な概要（最大１０行程度）

参考資料3 経済産業局の創造技術研究開発費補助事業計画書の例

別紙 3 （研究開発型中小企業者）

研究開発型中小企業者である旨の説明書

(P.5「6．直接人件費の交付の対象要件」に該当し、直接人件費を補助対象として申請する方は記載してください。)

売上高研究開発費比率の計算書

項目		期別	平成10年4月～ 平成11年3月期	平成11年4月～ 平成12年3月期	年　月～ 年　月期
売 上 高			1,150,500 千円	1,633,000 千円	千円
研究開発費	人　件　費		25,000 千円	33,000 千円	千円
	原　材　料　費		10,050 千円	18,500 千円	千円
	有形固定資産の 減価償却費		5,200 千円	3,300 千円	千円
	外部委託研究費		2,000 千円	1,500 千円	千円
	その他の経費		千円	千円	千円
	小　　　　計		42,250 千円	56,300 千円	千円
研究開発費／売上高			3.67 ％	3.45 ％	％

★記載にあたっての留意事項
　① 決算期が半年の場合は3期記入して下さい。
　② 研究開発費の各費用は自社の帳簿から研究に使用したことが確認できる範囲とします。

別添 1

株 主 等 一 覧 表
（平成〇年〇〇月〇〇日現在）

会社名　〇〇〇〇株式会社

（株　主）

株主氏名	住　所	持株数	比率	備　考
〇〇〇〇	〇〇県〇〇市〇〇　〇-〇	17,700	22.16	資本金4,900万円従業員9名
××××	〇〇府〇〇市〇〇〇〇〇-〇	17,020	21.28	
□□□□	〇〇府△△市〇〇〇〇-〇	10,530	13.16	
□△△△	〇〇都〇〇区〇〇〇〇〇-〇〇	10,000	12.50	〇銀ベンチャーキャピタル
〇×□△	〇〇県〇〇市△△町〇〇-〇	5,900	7.38	
△△△△	〇〇都〇〇区〇〇〇〇-〇	5,900	7.38	資本金4億円従業員30名
×〇△□	静岡県〇〇市〇〇-〇	5,790	7.24	
△□〇×	神奈川県〇〇〇　〇〇〇〇	7,160	8.95	

【注意】1. 株主、出資者が法人の場合は、備考欄にその法人の資本金及び従業員数を記載してください。

2. 特定ベンチャーキャピタル（ベンチャー財団と基本約定書を締結したベンチャーキャピタル）が投資した場合は備考欄に記載して下さい。

（役　員）

役職名	氏　名	住　所	備　考
代表取締役社長	〇〇〇〇	〇〇県〇〇市〇〇〇　〇-〇	
代表取締役専務	〇△△△	〇〇県〇〇市〇〇町〇〇-〇〇	
代表取締役専務	×□×□	〇〇〇県〇〇〇市〇〇-〇〇	
常務取締役	□〇〇〇	〇〇府〇〇市〇〇〇-〇	
取締役	××〇〇	〇〇都〇〇区〇〇〇〇-〇〇	㈱△△△△ 資本金4億円従業員30名 経営企画課長
取締役	△〇×〇	〇〇県〇〇市〇〇-〇〇	

【注意】　他社の役員又は職員を兼務している場合は、備考欄にその会社名、資本金、従業員及びその会社での役職名を記入してください。

参考資料3　経済産業局の創造技術研究開発費補助事業計画書の例　**147**

別添2

経　営　状　況　表

会社名　〇〇〇〇株式会社

（単位：千円）

項目 ＼ 期別	第〇〇期 〇年〇月〇〇日から 〇年〇月〇〇日	第〇〇期 〇年〇月〇〇日から 〇年〇月〇〇日
売上高　A	1,640,382	1,861,412
経常利益　B	54,212	22,149
総資本　C	868,706	915,709
自己資本　D	278,507	280,396
流動資産　E	519,530	558,743
流動負債　F	395,949	426,863
総資本経常利益率　$\dfrac{B \times 100}{C}$	6.2	2.4
売上高経常利益率　$\dfrac{B \times 100}{A}$	3.3	1.2
自己資本比率　$\dfrac{D \times 100}{C}$	32.1	30.6
流動比率　$\dfrac{E \times 100}{F}$	131.2	130.9

※　本資料は、過去2期又は3期（決算期間が1年であるときは2期、半年であるときは3期とする。）の財務諸表により作成してください。

※　金額は、百円の位を四捨五入して千円単位で記入してください。率は、小数第2位を四捨五入して小数第1位まで記入してください。

※　貸借対照表、損益計算書を添付してください。

参考資料3　経済産業局の創造技術研究開発費補助事業計画書の例

別添3

技 術 導 入 計 画 書

申請者住所　東京都千代田区○○1-3-3

氏名　○○○○株式会社

代表取締役　□□　□□

技術の提供者	住所	
	氏名	
技術の指導者	住所	○○県○○市□□□－○○○
	氏名	○　○　○　○　　　　　　　　　　　（略歴別紙）
技術の種類及び名称 工業所有権の場合は、 その種類、許可年月日、 許可番号を含む。		熱可塑性樹脂と金属板を圧着させるための各種条件の指導
契　約（予　定）日		平成△年□月□□日
契　約　実　施　期　間 （始期及び終期）		平成△年○月○△日 ×年△月□○日
対価の支払額方法及び期日		総額　300,000円 　　　△年○月×○日　銀行振込 　　　×年×月□△日　銀行振込
技　術　導　入　の　方　法		基本設計及び試験時に指導者本人より提言を受ける。
技　術　の　概　要		熱間プレス成形の際の温度、圧力等の諸条件の確立及び自動制御装置の構造設計の指導を受ける。 　　　　　　　　　　（記入できなければ別紙に）
当該研究開発における 技　術　導　入　の　役　割		樹脂と金属を圧着させるためには、温度、圧力等との条件を設定することが重要な要素となる。また、圧着からプレス成形までの一工程化を制御する装置を作るには、送り速度、荷重等の最適な条件を求める必要がある。

※　用紙のサイズはＡ４（縦置き）とし、1枚に記入してください。

参 考 資 料 4

基盤的技術産業249業種

参考資料4 基盤的技術産業249業種

対象業種（基盤的技術産業249業種）						
区分整理番号	業種名	区分整理番号	業種名	区分整理番号	業種名	
1421	綿紡績業	2512	板ガラス製造業	2966	プラスチック加工機械・同附属品装置製造業
1422	化学繊維紡績業	2513	ガラス製加工素材製造業	2967	半導体製造装置製造業
1423	毛紡績業	2515	理化学用・医療用ガラス器具製造業	2969	その他の特殊産業用機械製造業
1424	麻紡績業	2519	その他のガラス・同製品製造業	2972	ポンプ・同附属品製造業
1425	絹紡績業	2521	電気用陶磁器製造業	2973	空気圧縮機・ガス圧縮機・送風機製造業
1429	その他の紡績業（かさ高加工糸製造業を除く）	2522	化学工業用陶磁器製造業	2974	エレベータ・エスカレータ製造業
1431	ねんし糸製造業（かさ高加工糸製造業を含む）	2529	その他の陶磁器・同関連製品製造業	2975	動力伝導装置製造業（玉軸ころ軸受を除く）
1432	かさ高加工糸製造業	2541	炭素・黒鉛製品製造業	2976	工業窯炉製造業
1441	綿・スフ織物業	2549	その他の炭素質原料製品製造業	2977	油圧・空圧機器製造業
1442	絹・人絹織物業	2571	研磨紙製造業	2978	化学機械・同装置製造業
1443	毛織物業	2572	研磨布製造業	2979	その他の一般産業用機械器具製造業
1444	麻織物業	2573	その他の研磨材・同製品製造業	2981	事務用機械器具製造業
1449	その他の織物業	2591	石綿・岩綿・同製品製造業	2982	毛糸機械製造業
1451	丸編ニット生地製造業	2592	耐火物製造業	2983	冷凍機・温湿調整装置製造業
1452	たて編ニット生地製造業	2593	熱間圧延業（鋼管、伸鉄を除く）	2984	パイプ加工、パイプ附属品加工業
1453	横編ニット生地製造業	2594	冷間圧延業（鋼管、伸鉄を除く）	2985	ピストンリング製造業
1461	染色整理業	2641	鋼管製造業	2986	玉軸受、ころ軸受、同部分品、附属品製造業
1463	綿・スフ・麻織物機械染色業	2642	普通鋼鋼管製造業	2987	包装・荷造機械（注文により製造するものを除く）
1464	絹・人絹織物機械染色業	2643	特殊鋼鋼管製造業	2989	その他のはん用・汎用機械器具製造業
1465	毛織物・麻織物機械染色業	2645	鋼管製造業	2991	各種電気機械・器具部品製造業
1466	ニット手袋染色整理業	2647	鍛鋼製造業	2992	発電用・電動機・その他の回転電気機械製造業（電子器機用を除く）
1467	繊維雑品染色整理業	2649	引抜鋼管製造業	2993	変圧器類製造業（電子機器用を除く）
1481	織物製ニット製品・繊維雑品製造業	2661	銑鉄鋳物製造業（鋳鋼管を除く）	2994	電力開閉装置・配電装置製造業
1482	刺しゅうレース製造業	2663	鋼管鋳物製造業	2995	配線器具製造業
1483	ポンプ綱製造業	2664	鋼管鋳鉄製造業	2996	内燃機関電装製造業
1489	その他の繊維工業	2665	鍛工品製造業	2997	電気計測器具製造業
1491	織物製・繊維雑品製品製造業	2667	機械器具用金属プレス製品製造業（自動車、航空機用を含む）	2998	その他の産業用電気機械器具製造業
1492	繊維製衛生材料製品製造業	2669	粉末冶金製造業	2999	電気音響機械器具製造業
1493	繊維製外装品製造業	2691	鉄鋼シャースリット業	3011	電子計算機・同附属装置製造業
1499	繊維製・繊維製品製造業	2692	鉄鋼シャースリット業	3012	有線通信機器製造業
2019	その他の化学肥料製造業	2699	その他の鉄鋼業	3015	同製造業
2021	セルロイド・合成樹脂加工品製造業	2711	銅第1次製錬・精錬業（含金合金圧延業）	3019	電気計測器製造業
2022	防水用上塗りした繊維、防水した繊維製造業	2712	鉛第2次製錬業（含金合金圧錬業を含む）	3031	その他の電子応用装置製造業
2023	無機顔料類製造業	2713	亜鉛第2次製錬・精錬業	3061	X線装置製造業
2024	圧縮ガス・液化ガス製造業	2719	その他の非鉄金属第2次製錬・精錬業（非鉄金属合金製造業を含む）	3069	電気計測機製造業
2029	その他の無機化学工業製品製造業	2731	伸銅品製造業（押出しを含む）	3072	電気計製造業
		2732	アルミニウム・同合金圧延業（押出、伸しを含む）	3081	抵抗器・コンデンサ・変成器製造業
		2739	その他の非鉄金属・同合金圧延業（押出、伸しを含む）	3082	音響部品・磁気ヘッド・小型モータ製造業
		2741	その他の非鉄金属製造業	3085	半導体部品製造業

150

参考資料4　基盤的技術産業249業種

コード	業種	コード	業種	コード	業種
2029	その他の無機化学工業製品製造業	2742	光ファイバーケーブル製造業	3086	コネクタ・スイッチ・リレー製造業
2034	メタン誘導品製造業	2752	銅同伸銅品製造業（含鋳物）	3087	スイッチング電源・高周波組立品製造業（コンバータ・インバータ含む）
2036	発酵工業製品製造業	2753	アルミニウム・同合金ダイカスト製造業	3088	プリント回路製造業
2039	環式中間物・合成染料・有機顔料製造業	2754	非鉄金属鋳物製造業（ダイカストを除く）	3089	その他の電子部品製造業
2049	その他の有機化学工業製品製造業	2755	非鉄金属・同合金プレス製品製造業	3092	電池（乾電池、蓄電池）製造業
2051	脂肪酸・硬化油・グリセリン製造業	2799	その他の非鉄金属製造業	3099	他に分類されない電気機械器具製造業
2053	界面活性剤製造業（せっけん・合成洗剤を除く）	2811	ブリキ缶・その他のめっき板製缶製造業	3141	自動車車体製造業
2054	塗料製造業	2822	機械刃物製造業	3142	自動車部品・付属品製造業
2056	天然樹脂製品製造業・木材化学製品製造業	2824	利器工具製造業（やすり・のこぎり・食器刃物を除く）	3151	船体ブロック製造業
2099	他に分類されない化学工業製品製造業	2825	作業工具製造業	3152	船用機関製造業
2099	試薬	2826	やすり・のこぎり・つめ切り・食卓用刃物製造業	3159	その他の航空機部品・補助装置部品製造業
2099	触媒	2829	その他の金物類製造業	3186	産業用運搬車両・同部分品・附属品製造業
2209	プラスチック製板・棒・管・継手・異形押出製品製造業	2843	ねじ製造業	3199	他に分類されない輸送用機械器具製造業
2211	プラスチックフィルム・シート製造業	2852	金属プレス製品製造業（アルミニウム・同合金を除く）	3211	体重計・はかり製造業
2221	プラスチック圧縮成形・注型製品製造業	2853	粉末冶金製品製造業	3212	圧力計・流量計・液面計等製造業
2229	プラスチック容器製造業	2854	鍛工品製造業	3213	精密測定器製造業
2224	工業用プラスチック製品製造業（硬質・軟質）	2861	冷間つき合せ溶接業	3214	分析機器製造業
2225	軟質プラスチック発泡製品製造業（別掲を除く）	2869	その他の金属熱処理業	3216	試験機製造業
2229	他に分類されないプラスチック製品製造業（加工業含む）	2871	その他の金属表面処理業	3219	その他の計量器・測定器・分析機器・試験機製造業
2251	合成皮革・人工皮革製造業（床材・合成仕上材を除く）	2881	ボルト・ナット・リベット・小ねじ・木ねじ製造業	3226	理化学機械器具製造業
2253	ゴム製造業	2884	金属線製品製造業（ピン・釘・バネを除く）	3254	光学機械用レンズ・プリズム製造業
2297	他に分類されないゴム製品製造業	2889	他に分類されない金属製品製造業	3261	時計・同部分品製造業
2299	工業用革製品製造業（手袋を除く）	2892	ばね製造業	3262	眼鏡製造業（枠を含む）
2312	金属加工機械製造業（金属工作機械を除く）	2911	内燃機関製造業	3495	情報記録物製造業（新聞、書籍、記録物を除く）
2313	他に分類されない特殊産業用機械製造業（繊維機械を含む）	2912	金属工作機械製造業	7811	一般機械修理業（機械工作を伴うもの）
2331	ミシン製造業	2913	機械工作機械工具製造業	7823	建設機械器具賃貸業
2339	工業用繊維機械製造業	2941	化学繊維機械・紡績機械製造業	8211	受託開発ソフトウェア業
2393	医療用機械器具・医療用品製造業	2952	染色整理仕上機械製造業	8221	情報処理サービス業（情報を複数関連業種に寄与）
2395	動力系タイプ・同部分品製造業	2961	その他の繊維機械・附属品・部分品製造業	8229	その他の情報処理サービス業（粉末や金属金属を含む）
2399	他に分類されない機械部分品製造業	2964	パルプ装置・製紙機械製造業	8421	機械設計業
2511	複写機製造業	2965	印刷・製本・紙工機械製造業	8491	工業デザイン業
				8492	商品検査業
				8493	計量証明業
				8691	機械工業研究所
				8692	工学研究所
				9211	鉱山監督支所

参 考 資 料 5

新計量法とSI化

表1　SI単位に係わる計量単位
表2　SI単位のない量の非SI単位
表3　SI単位のある量の非SI単位
表4　用途を限定する非SI単位
表5　猶予期限を定めた非SI単位
表6　10の整数乗を表わす接頭語
表7　圧力の換算関係
表8　応力の換算関係

通商産業省SI単位等普及推進委員会：新計量法とSI化の進め方（平成11年3月発行）から抜粋

参考資料5　新計量法とSI化

表1　SI単位に係わる計量単位

物象の状態の量	計 量 単 位 （ 記 号 ）
基本 1. 長　　　　　さ	1. メートル（m）
2. 質　　　　　量	2. キログラム（kg）、グラム（g）、トン（t）
3. 時　　　　　間	3. 秒（s）、分（min）、時（h）
4. 電　　　　　流	4. アンペア（A）
5. 温　　　　　度	5. ケルビン（K）、セルシウス度又は度（℃）
6. 物　　質　　量	6. モル（mol）
7. 光　　　　　度	7. カンデラ（cd）
空間・時間関連 8. 角　　　　　度	8. ラジアン（rad）、度（°）、分（′）、秒（″）
9. 立　　体　　角	9. ステラジアン（sr）
10. 面　　　　　積	10. 平方メートル（m^2）
11. 体　　　　　積	11. 立方メートル（m^3）、リットル（l又はL）
12. 角　　速　　度	12. ラジアン毎秒（rad/s）
13. 角　加　速　度	13. ラジアン毎秒毎秒（rad/s^2）
14. 速　　　　　さ	14. メートル毎秒（m/s）、メートル毎時（m/h）
15. 加　　速　　度	15. メートル毎秒毎秒（m/s^2）
16. 周　　波　　数	16. ヘルツ（Hz）
17. 回　転　速　度	17. 毎秒（s^{-1}）、毎分（min^{-1}）、毎時（h^{-1}）
18. 波　　　　　数	18. 毎メートル（m^{-1}）
力学関連 19. 密　　　　　度	19. キログラム毎立方メートル（kg/m^3）、グラム毎立方メートル（g/m^3）グラム毎リットル（g/l又はg/L）
20. 力	20. ニュートン（N）
21. 力のモーメント	21. ニュートンメートル（N・m）
22. 圧　　　　　力	22. パスカル（Pa）、ニュートン毎平方メートル（N/m^2）、バール（bar）
23. 応　　　　　力	23. パスカル（Pa）、ニュートン毎平方メートル（N/m^2）
24. 粘　　　　　度	24. パスカル秒（Pa・s）、ニュートン秒毎平方メートル（$N・s/m^2$）
25. 動　　粘　　度	25. 平方メートル毎秒（m^2/s）
26. 仕　　　　　事	26. ジュール（J）、ワット秒（W・s）、ワット時（W・h）
27. 工　　　　　率	27. ワット（W）
28. 質　　量　流　量	28. キログラム毎秒（kg/s）、キログラム毎分（kg/min）、キログラム毎時（kg/h）、グラム毎秒（g/s）、グラム毎分（g/min）、グラム毎時（g/h）、トン毎秒（t/s）、トン毎分（t/min）、トン毎時（t/h）
29. 流　　　　　量	29. 立方メートル毎秒（m^3/s）、立方メートル毎分（m^3/min）、立方メートル毎時（m^3/h）、リットル毎秒（l/s又はL/s）、リットル毎分（l/min又はL/min）、リットル毎時（l/h又はL/h）
61. 振動加速度レベル＊	61. ―
熱関連 30. 熱　　　　　量	30. ジュール（J）、ワット秒（W・s）、ワット時（W・h）
31. 熱　伝　導　率	31. ワット毎メートル毎ケルビン（W/(m・K)）、ワット毎メートル毎度（W/(m・℃)）
32. 比　　熱　　容	32. ジュール毎キログラム毎ケルビン（J/(kg・K)）、ジュール毎キログラム毎度（J/(kg・℃)）
33. エントロピー	33. ジュール毎ケルビン（J/K）

備考：＊印の量については、SI単位にはないが、表2に示す非SI単位が法定計量単位として定められている．

表1　SI単位に係わる計量単位（続き）

物象の状態の量		計　量　単　位　（　記　号　）
電気・磁気関連	34. 電　　気　　量	34. クーロン（C）
	35. 電　界　の　強　さ	35. ボルト毎メートル（V/m）
	36. 電　　　　　　　圧	36. ボルト（V）
	37. 起　　電　　力	37. ボルト（V）
	38. 静　電　容　量	38. ファラド（F）
	39. 磁　界　の　強　さ	39. アンペア毎メートル（A/m）
	40. 起　　磁　　力	40. アンペア（A）
	41. 磁　束　密　度	41. テスラ（T）、ウェーバ毎平方メートル（Wb/m^2）
	42. 磁　　　　　束	42. ウェーバ（Wb）
	43. インダクタンス	43. ヘンリー（H）
	44. 電　気　抵　抗	44. オーム（Ω）
	45. 電気のコンダクタンス	45. ジーメンス（S）
	46. インピーダンス	46. オーム（Ω）
	47. 電　　　　　力	47. ワット（W）
	48. 無　効　電　力　*	48. —
	49. 皮　相　電　力　*	49. —
	50. 電　　力　　量	50. ジュール（J）、ワット秒（W・s）、ワット時（W・h）
	51. 無　効　電　力　量　*	51. —
	52. 皮　相　電　力　量　*	52. —
	53. 電磁波の減衰量*	53. —
	54. 電磁波の電力密度	54. ワット毎平方メートル（W/m^2）
光・放射・放射線関連	55. 放　射　強　度	55. ワット毎ステラジアン（W/sr）
	56. 光　　　　　束	56. ルーメン（lm）
	57. 輝　　　　　度	57. カンデラ毎平方メートル（cd/m^2）
	58. 照　　　　　度	58. ルクス（lx）
	63. 中性子放出率	63. 毎秒（s^{-1}）、毎分（min^{-1}）
	64. 放　射　能	64. ベクレル（Bq）、キュリー（Ci）
	65. 吸　収　線　量	65. グレイ（Gy）、ラド（rad）
	66. 吸　収　線　量　率	66. グレイ毎秒（Gy/s）、グレイ毎分（Gy/min）、グレイ毎時（Gy/h）、ラド毎秒（rad/s）、ラド毎分（rad/min）、ラド毎時（rad/h）
	67. カ　ー　マ	67. グレイ（Gy）
	68. カ　ー　マ　率	68. グレイ毎秒（Gy/s）、グレイ毎分（Gy/min）、グレイ毎時（Gy/h）
	69. 照　射　線　量	69. クーロン毎キログラム（C/kg）、レントゲン（R）
	70. 照　射　線　量　率	70. クーロン毎キログラム毎秒（C/(kg・s)）、クーロン毎キログラム毎分（C/(kg・min)）、クーロン毎キログラム毎時（C/(kg・h)）、レントゲン毎秒（R/s）、レントゲン毎分（R/min）、レントゲン毎時（R/h）
	71. 線　量　当　量	71. シーベルト（Sv）、レム
	72. 線　量　当　量　率	72. シーベルト毎秒（Sv/s）、シーベルト毎分（Sv/min）、シーベルト毎時（Sv/h）、レム毎秒（rem/s）、レム毎分（rem/min）、レム毎時（rem/h）
その他	59. 音響パワー	59. ワット（W）
	60. 音圧レベル*	60. —
	62. 濃　　　　　度	62. モル毎立方メートル（mol/m^3）、モル毎リットル（mol/l 又は mol/L）、キログラム毎立方メートル（kg/m^3）、グラム毎立方メートル（g/m^3）、グラム毎リットル（g/l 又は g/L）

備考：物象の状態の量の左側に付されている番号は、計量法第2条に規定されている順番を示す.

参考資料5　新計量法とSI化

表2　SI単位のない量の非SI単位

物象の状態の量	計 量 単 位 （ 記 号 ）
48. 無　効　電　力	48. バール（var）
49. 皮　相　電　力	49. ボルトアンペア（VA）
51. 無　効　電　力　量	51. バール秒（var・s）、バール時（var・h）
52. 皮　相　電　力　量	52. ボルトアンペア秒（VA・s）、ボルトアンペア時（VA・h）
53. 電磁波の減衰量	53. デシベル（dB）
60. 音　圧　レ　ベ　ル	60. デシベル（dB）
61. 振動加速度レベル	61. デシベル（dB）

表3　SI単位のある量の非SI単位

物象の状態の量	計 量 単 位 （ 記 号 ）
17. 回　転　速　度	17. 回毎分（r/min 又は rpm）、回毎時（r/h 又は rph）
22. 圧　　　　　力	22. 気圧（atm）
24. 粘　　　　　度	24. ポアズ（P）
25. 動　粘　　　度	25. ストークス（St）
62. 濃　　　　　度	62. 質量百分率（%） 質量千分率（‰） 質量百万分率（ppm） 質量十億分率（ppb） 体積百分率（vol%又は%） 体積千分率（vol‰又は‰） 体積百万分率（volppm 又は ppm） 体積十億分率（volppb 又は ppb） ピーエッチ（pH）

表4　用途を限定する非SI単位

物象の状態の量	計 量 単 位 （ 記 号 ）
1. 長　　　　　さ	1. 海里（M 又は nm）｛海面又は空中における長さ｝ オングストローム（Å）｛電磁波、膜圧、表面の粗さ、結晶格子｝
2. 質　　　　　量	2. カラット（ct）｛宝石の質量｝ もんめ（mon）｛真珠の質量｝ トロイオンス（oz）｛金貨の質量｝
8. 角　　　　　度	8. 点（pt）｛航海、航空｝
10. 面　　　　　積	10. アール（a）、ヘクタール（ha）｛土地面積｝
11. 体　　　　　積	11. トン（T）｛船舶の体積｝
14. 速　　　　　さ	14. ノット（kt）｛航海、航空｝
15. 加　　速　　度	15. ガル（Gal）、ミリガル（mGal）｛重力加速度、地震｝
22. 圧　　　　　力	22. トル（Torr）、ミリトル（mTorr）、マイクロトル（μTorr） ｛生体内の圧力｝ 水銀柱ミリメートル（mmHg）｛血圧｝
30. 熱　　　　　量	30. カロリー（cal）、キロカロリー（kcal）、メガカロリー（Mcal）、 ギガカロリー（Gcal）｛栄養、代謝｝

備考　｛　｝は、用途を示す。

表5　猶予期限を定めた非SI単位

物象の状態の量	計量単位（記号）	猶予期限	SI単位（記号）	二単位の換算関係
20. 力	20. ダイン（dyn）	平成7年 9月30日	20. ニュートン（N）	1 dyn = 10 μN
26. 仕　　　事	26. エルグ（erg）		26. ジュール（J）	1 erg = 100 nJ
30. 熱　　　量	30. 重量キログラムメートル（kgf·m） エルグ（erg）		30. ジュール（J）	1 kgf·m ≒ 9.8 J 1 erg = 100 nJ
63. 中性子放出率	63. 中性子毎秒（n/s） 中性子毎分（n/min）		63. 毎秒（s^{-1}）	1 n/s = 1 s^{-1}
64. 放　射　能	64. 壊変毎秒（dps） 壊変毎分（dpm）		64. ベクレル（Bq）	1 dps = 1 Bq
1. 長　　　さ	1. ミクロン（μ）	平成9年 9月30日	1. メートル（m）	1 μ = 1 μm
16. 周　波　数	16. サイクル（c） サイクル毎秒（c/s）		16. ヘルツ（Hz）	1 c = 1 c/s = 1Hz
22. 圧　　　力	22. トル（Torr）*1		22. パスカル（Pa）	1 Torr ≒ 133 Pa
39. 磁界の強さ	39. アンペア回数毎メートル（AT/m） エルステッド（Oe）		39. アンペア毎メートル（A/m）	1 AT/m = 1 A/m 1 Oe ≒ 79 A/m
40. 起　磁　力	40. アンペア回数（AT）		40. アンペア（A）	1 AT = 1 A
41. 磁 束 密 度	41. ガンマ（γ） ガウス（G）		41. テスラ（T）	1 γ = 1 nT 1 G = 100 μT
42. 磁　　　束	42. マクスウェル（Mx）		42. ウェーバ（Wb）	1 Mx = 10 nWb
60. 音圧レベル	60. ホン		60. デシベル（dB）	1 ホン = 1 dB
62. 濃　　　度	62. 規定（N）		62. モル毎立方メートル（mol/m^3）	—
20. 力	20. 重量キログラム（kgf） 重量グラム（gf） 重量トン（tf）	平成11年 9月30日	20. ニュートン（N）	1 kgf ≒ 9.8 N 1 gf ≒ 9.8 mN 1 tf ≒ 9.8 kN
21. 力のモーメント	21. 重量キログラムメートル（kgf·m）		21. ニュートンメートル（N·m）	1 kgf·m ≒ 9.8 N·m
22. 圧　　　力	22. 重量キログラム毎平方メートル（kgf/m^2） 水銀柱メートル（mHg）*2 水柱メートル（mH$_2$O）		22. パスカル（Pa）	1 kgf/m^2 ≒ 9.8 Pa 1 mHg ≒ 133 kPa 1 mH$_2$O ≒ 9.8kPa
23. 応　　　力	23. 重量キログラム毎平方メートル（kgf/m^2）		23. パスカル（Pa）	1 kgf/m^2 ≒ 9.8 Pa
26. 仕　　　事	26. 重量キログラムメートル（kgf·m）		26. ジュール（J）	1 kgf·m ≒ 9.8 J
27. 工　　　率	27. 重量キログラムメートル毎秒（kgf·m/s）		27. ワット（W）	1 kgf·m/s ≒ 9.8 W
30. 熱　　　量	30. カロリー（cal）*3		30. ジュール（J）	1 cal ≒ 4.2 J
31. 熱 伝 導 率	31. カロリー毎秒毎メートル毎度［cal/(s·m·℃)］		31. ワット毎メートル毎度［W/(m·℃)］	1 cal/(s·m·℃) ≒ 4.2 W/(m·℃)
32. 比 熱 容 量	32. カロリー毎キログラム毎度［cal/(kg·℃)］		32. ジュール毎キログラム毎度［J/(kg·℃)］	1 cal/(kg·℃) ≒ 4.2 J/(kg·℃)

備考：二単位の換算関係における換算係数は次のとおり．
　　　9.8→9.80665　　　79→79.5774
　　　133→133.322　　　4.2→4.18605

注　*1～*3に関しては表4に規定する分野を除く．

参考資料5 新計量法とSI化

表6 10の整数乗を表わす接頭語

接頭語の名称（記号）	係数	接頭語の名称（記号）	係数
ヨタ（Y）	10^{24}	デシ（d）	10^{-1}
ゼタ（Z）	10^{21}	センチ（c）	10^{-2}
エクサ（E）	10^{18}	ミリ（m）	10^{-3}
ペタ（P）	10^{15}	マイクロ（μ）	10^{-6}
テラ（T）	10^{12}	ナノ（n）	10^{-9}
ギガ（G）	10^{9}	ピコ（p）	10^{-12}
メガ（M）	10^{6}	フェムト（f）	10^{-15}
キロ（k）	10^{3}	アト（a）	10^{-18}
ヘクト（h）	10^{2}	ゼプト（z）	10^{-21}
デカ（da）	10^{1}	ヨクト（y）	10^{-24}

表7 圧力の換算関係

	Pa	bar	kgf/cm²	atm	mmH₂O	mmHg 及び Torr
圧力	1	1×10^{-5}	1.01972×10^{-5}	9.86923×10^{-6}	1.01972×10^{-1}	7.50062×10^{-3}
	1×10^{5}	1	1.01972	9.86923×10^{-1}	1.01972×10^{4}	7.50062×10^{2}
	9.80665×10^{4}	9.80665×10^{-1}	1	9.67841×10^{-1}	1×10^{4}	7.35559×10^{2}
	1.01325×10^{5}	1.01325	1.03323	1	1.03323×10^{4}	7.60000×10^{2}
	9.80665	9.80665×10^{-5}	1×10^{-4}	9.67841×10^{-5}	1	7.35559×10^{-2}
	1.33322×10^{2}	1.33322×10^{-3}	1.35951×10^{-3}	1.31579×10^{-3}	1.35951	1

表8 応力の換算関係

	Pa	MPa 又は N/mm²	kgf/mm²	kgf/cm²
応力	1	1×10^{-6}	1.01972×10^{-7}	1.01972×10^{-5}
	1×10^{6}	1	1.01972×10^{-1}	1.01972×10
	9.80665×10^{6}	9.80665	1	1×10^{2}
	9.80665×10^{4}	9.80665×10^{-2}	1×10^{-2}	1

参考文献および資料

1) 日本大百科全書 21, 小学館 (1998.5.1) p.502.
2) 通商産業省編：わかりやすい産業活力再生特別措置法, (株) ぎょうせい (2000.6.20).
3) 会計人会 21：助成金・補助金で会社を伸ばす本, (株) かんき出版 (1996.12.17).
4) 中小企業総合事業団 情報・技術部技術振興第一課：平成 13 年度 課題対応技術革新促進事業［課題対応新技術研究調査事業,課題対応新技術研究開発事業］公募要領.
5) 通商産業省 SI 単位等普及推進委員会：新計量法と SI 化の進め方—重力単位系から国際単位系 (SI) へ—,通商産業省 (1999.11.3).
6) 日刊工業新聞：2000 年 1 月 19 日, 1 月 21 日号.
7) 通商産業省 中小企業庁／中小企業総合事業団：新時代の中小企業政策 (2000 年 1 月版).
8) 中国経済産業局産業技術課：技術開発支援施策等のご紹介 (2001 年 1 月 15 日).
9) 広島県中小企業団体中央会, 2001 ビジネス市場ひろしま実行委員会：中小企業施策 (2001 年 1 月).
10) 中小企業総合事業団 情報・技術部：平成 10 年度課題対応新技術研究調査事業成果報告書 (1999 年 12 月).
11) 中小企業総合事業団 情報・技術部：平成 11 年度課題対応新技術研究調査事業成果報告書 (2000 年 2 月).
12) 中小企業総合事業団 情報・技術部：平成 11 年度課題対応新技術開発事業成果報告書 (2000 年 2 月).
13) 通商産業省：エネルギー使用合理化新規産業創造技術開発費補助金交付要綱 (1998 年 12 月 11 日).
14) 広島市：広島市基礎技術研究支援補助金交付要綱 (1997 年 5 月 27 日).
15) 広島市：広島市補助金等交付規則 (1996 年 3 月 29 日).

索　引

ア　行

相見積り ……………………… 38
相見積書 ……………………… 63,64
按分比 ………………………… 35
意匠登録 ……………………… 78
委託金 ………………………… 5
請書 …………………………… 63
打合せ会議 …………………… 72
エネルギー使用合理化新規産業創
　造技術開発費補助金 ……… 15,60
OHP …………………………… 47

カ　行

会計検査 ……………………… 42,94
会計検査院 …………………… 91,92
会計年度 ……………………… 74
会社案内パンフレット …… 13,42,47
外注加工費 …………………… 32,35
開発結果報告書 ……………… 77
開発組織 ……………………… 14
学術論文 ……………………… 59
各人の役割 …………………… 17
家族手当 ……………………… 74
課題対応技術革新促進事業 … 15,43
株主等一覧表 ………………… 42
環境保護 ……………………… 78
環境保全 ……………………… 26
監査委員 ……………………… 74,75
管理職手当 …………………… 74
完了検査 ……………………… 20
完了報告書 …………………… 42
機械装置費 …………………… 32,34
企業化の時期 ………………… 79
技術開発費決算書 …………… 83
技術開発費費目別内訳表 …… 83
技術指導受入費 …………… 32,35,38

技術的な目標 ………………… 21
技能職手当 …………………… 74
基礎技術研究支援補助金 …… 87
基礎技術研究支援補助制度 … 19
基盤的技術産業 ……………… 14
基本給 ………………………… 74
給付金 ………………………… 5
給与台帳 ……………………… 36
協同組合 ……………………… 12
業務従事時間報告書 ………… 70
協力者 ………………………… 49
銀行振込み …………………… 87
グループ企業 ………………… 64
経営状況表 …………………… 42
経済的な目標 ………………… 21
経費区分 ……………………… 40
経費の配分 …………………… 67
経費の見直し ………………… 63
契約書 ………………………… 63,65
経理処理 ……………………… 79
経理責任者 …………………… 67
経理担当者 ………………… 14,4762
経理報告書 …………………… 84
計量単位 ……………………… 38
決算書 ………………………… 79
決算総表 ……………………… 81
原価計算書 …………………… 93
研究員 ………………………… 39
研究開発スケジュール … 30,31,75
研究開発工数 ……………… 27,31
研究開発従事者 ……………… 14
研究開発従事時間 …………… 72
研究開発責任者 ……………… 67
研究開発組織 ………………… 15,53
研究開発組織表 ……………… 17
研究開発題目 ………………… 17
研究開発等事業計画認定申請書 · 10

研究開発の目的	17	個人別月額労務費発生額一覧表	84
研究開発費	6	個人別時間給計算表	83
研究開発費目別集計表	83,89	ゴム印	62
研究開発補助制度	12	混合支払い	87
研究管理部門	27		
研究規模	17	**サ 行**	
研究規模の理由	17	サービス業	2
研究業務日誌	84,90	財産の管理	94
研究項目	17	財産の管理および処分	94
研究職員	35	作業従事時間	36
研究題目	17	産官学	26
研究担当者	77	産官学連携	6
研究調査	21	産業活力再生特別措置法	1
研究の規模	24	産業分類番号	14
研究の実施場所	17	残量	88
研究の内容	17	仕入控除税額	39
現金支払い	65	時間給	36
原材料	34,87	時間給計算書	90
原材料費	32,33	時間単価	74
検収書	63,65	資金計画	17
検収条件	65	資金の調達先	40
原理	55	自己資金	53
原理特許	24	試作品の数量	24
原理模型	48,55	実施場所	20
工業所有権	8,17,24,25,50,56,94	実績報告書	76,77,90
工具器具費	32,34,35	実物のモデル	55
公設試	20	実用新案登録	78
構築物費	32,34	指導者	49
購入契約書	65	支払記録一覧表	66
購入量	88	収益状況	94
交付金	5	収益納付	9
交付決定	61	就業規則	74,90
交付決定日	8,61	収支明細書	81
交付要綱	67,94,96	集積技術高度化補助金	12
小売業	2	住宅手当	74
小切手	87	収入印紙	66
国際単位系	26,38	術語	58
個人別月額労務費	90	出張規則	90
個人別月額労務費内訳書	83	出張調査工数	28
個人別月額労務費発生額	90	取得した物件一覧表	89

索 引

取得物件 ……………………… 87
取得明細書 ………………79,83,87
取得明細表 …………………… 76
主任研究者 …………………14,77
受理 …………………………41,42
使用実績 ……………………… 88
使用実績量 …………………… 88
仕様書 ………………………24,63
仕様の変更 …………………… 63
消費税 ………………… 39,84,87
消耗品 ………………………… 87
消耗品費 ……………………… 35
賞与 …………………………… 74
奨励金 ………………………… 5
助成金 ………………………5,14
所定労働時間 ………………… 36
所定労働時間外手当 ………… 36
新規産業エネルギー使用合理化新
　規産業創造技術開発費補助金・67
新規産業創造技術開発費補助金・85
新規性 ……………… 48,49,55,56,57
新規成長産業補助金 ………… 87
新計量法 ……………………26,38
人件費 ………………………69,72
審査委員 ……… 12,13,17,25,26,43,
　　　　　　　　46,48,50,53,58
新製品開発 …………………… 21
成果の目標 …………………… 21
請求書 ………………………63,65
製造業 ………………………… 1
製造または取得した物件一覧表・83
製品開発規格 ………………… 24
政府系金融機関 ……………… 40
是正命令 ……………………… 90
設計員 ………………………… 39
設計職員 ……………………… 35
善良な管理者 ………………… 94
総括担当者 …………………… 47
創造技術研究開発費補助金制度・18
創造技術研究開発補助金 …… 10

損益計算書 …………………… 42

タ　行

貸借対照表 …………………… 42
退職金 ………………………… 74
単位 …………………………… 38
チェックシート ……………… 44
中間検査 ……………………… 20
中間報告書 …………………… 42
中小企業基本法 ……………… 1,6
中小企業経営革新支援法 …… 4
中小企業者
　……1,2,7,13,27,42,52,53,54
中小企業設備近代化資金貸付… 40
中小企業設備貸与制度 ……… 40
中小企業総合事業団
　……………… 7,15,39,40,43,51
中小企業創造活動促進法 …… 10
帳簿などの保存期間 ………… 94
朝礼ミーティング …………… 72
直接人件費 ………………33,35,38
賃金台帳 ……………………… 72
通勤手当 ……………………… 74
手形 …………………………… 65
添付資料 ……………………… 42
独創性 ………………………48,49
特定ベンチャーキャピタル… 2,3
綴じ方 ………………………59,60
特許 …………………………… 78

ナ　行

日本工業規格 ………………60,84
年間カレンダー ……………72,90
年間支払人件費 ……………… 74
年間労働時間数 ……………… 74
納期 …………………………… 64
納入条件 ……………………… 64
納品書 ………………………63,65

ハ 行

配分の変更 …………………………… 69
パソコン ……………………………… 39
発注書 ……………………………… 63,64
発注条件 ……………………………… 64
発明協会 ……………………………… 56
販売単価 ……………………………… 79
販売予定金額 ………………………… 79
販売予定量 …………………………… 79
ヒアリング
　…… 12,43,45,46,48,51,61,75
費目別内訳表 ………………………… 79
ビラ …………………………………… 47
不正使用 ……………………………… 8
不正流用 ……………………………… 8
負担金 ………………………………… 5
物品検収調書 ……………………… 63,65
振込金受領書 ……………………… 63,66
振込手数料 …………………………… 87
プリンタ ……………………………… 39
プレゼンテーションスキル ………… 55
文書番号 ……………………………… 61
別紙1 ………………………………… 26
別紙1，2タイプ ……… 10,12,17,26
別紙タイプ ………………… 10,12,17
ベンチャーキャピタル ……………… 3
法定福利費 …………………………… 74
補給金 ………………………………… 5
補助金 ………………………………… 14
補助金確定検査調書 ………………… 90

補助金確定作業 ……………………… 90
補助金交付申請額 ………………… 7,39
補助金の清算額 ……………………… 90
補助事業実績報告書 ……………… 79,83
補助事業者 …………………………… 7
補助事業成果物 ……………………… 90
補助対象経費 ……………………… 38,39
補助率 …………………………… 7,30,39

マ 行

見積書 ……………………………… 63,64
無料相談日 …………………………… 56

ヤ 行

輸送費 ………………………………… 35
要綱 …………………………………… 8
用語 …………………………………… 58
予算決算総括表 …………………… 79,83

ラ 行

リース業者 …………………………… 35
リサイクル …………………………… 78
リサイクル性 ………………………… 26
理由書 ………………………………… 64
領収書 ………………………………… 66
レンタル業者 ………………………… 35
労務費　　　　　　　　　　27,72,74

ワ 行

ワンストップサービス ……………… 56

―著者略歴―

研井 堅（とぎい ひさし）

1955年 山口大学工学部機械工学科卒業．同年山口大学工業短期大学部文部教官助手を拝命．
1959年 東洋工業（株）（現マツダ（株））に入社．工機部において自動車製造設備，切削加工および砥粒加工技術の研究に従事．超精密小型内面研削盤の開発で日本機械学会技術賞を受賞．
1969年 大阪大学より工学博士の学位を授与される．この間，企画，研究，設計，品証および生産各課長を歴任し，1983年工機部長に就任．
1986年 （株）熊平製作所取締役研究開発部長に就任．
1990年 黒石鉄工（株）取締役技術開発センター長に就任．
2001年 エレポン化工機（株）取締役に就任し，現在に至る．（既刊著書は5冊．1932年生まれ）

JCLS 〈㈱日本著作出版権管理システム委託出版物〉	
2001	2001年6月5日 第1版発行
中小企業のための 研究開発と補助金の活用	
著者との申 し合せによ り検印省略	著作者　研　井　　堅 　　　　　とぎ　　い　　　　ひさし
	発行者　株式会社 養賢堂 　　　　代表者 及川 清
©著作権所有	印刷者　公和図書株式会社 　　　　責任者 佐々木 明
本体2200円	

発行所　〒113-0033 東京都文京区本郷5丁目30番15号
　　　　株式会社 養賢堂　TEL 東京(03)3814-0911 振替00120
　　　　　　　　　　　　FAX 東京(03)3812-2615 7-25700

ISBN4-8425-0081-6 C2060

PRINTED IN JAPAN　　　製本所　板倉製本印刷株式会社

本書の無断複写は、著作権法上での例外を除き、禁じられています。本書は、㈱日本著作出版権管理システム (JCLS) への委託出版物です。本書を複写される場合は、そのつど㈱日本著作出版権管理システム（電話03-3817-5670、FAX03-3815-8199）の許諾を得てください。